# 昭和の「黒幕」100人

別冊宝島編集部 編

宝島
SUGOI
文庫

# はじめに

「真の支配者は常に背後にいる」という権力の二重構造は、日本の昭和史を象徴するひとつの記号である。

日本を動かしているのは、政治だけではない。カネであり、暴力であり、外圧であり、信仰であり、同時代に生きる人々の意思すべてがその裏面史に影響を及ぼしている。

「黒幕」たちの時代――それは昭和とともに終焉《しゅうえん》を迎えたと言われる。社会の成熟と引き換えに政治家も財界人も小粒になり、暴力団と右翼は自壊した。スケール感のある「国家のファウンダー」たちはもう出てこないかもしれない。

本書は、昭和の日本を動かした「陰の実力者たち」を広いジャンルから選出し、その生きざまと「伝説」を読みやすく解説したものである。

政界、財界、官僚、暴力団、芸能界からスポーツまで……あらゆるステージが横断的な人脈によって密接に結びついているさまは、いやが上にも好奇心を駆り立てられる。

戦前、中国でアヘンを牛耳って、軍部と結びついていた里見機関の里見甫《はじめ》。戦後最大のフィクサーと呼ばれた児玉誉士夫《よしお》。凄《すさ》まじい「実弾」の威力で他の誰もがなし得なかった権力掌握を実現した田中角栄。「Ａ級戦犯」から復活を遂げ、田中角栄と暗闘を繰り広げた笹川良一。

ロッキード事件の主人公で「政商」の名をほしいままにした小佐野賢治。日本最大の広域暴力団トップとして、あるいは大衆文化の最終支配者として君臨し続けた田岡一雄。

メディアのオーナーでありながら、政界フィクサーとして時の権力と世論を操作し続けた正力松太郎。

強烈な「時代性」を帯びた彼らの鮮烈な生きざまは、善悪を超越した人間の深奥として、いまなお語り継がれている。

本書が、日本の昭和史への理解を深める一助となれば幸いである。

別冊宝島編集部

## 第四章 政商と官僚の黒幕たち

## 第五章 文化・思想・芸能・スポーツ界の黒幕たち……179

本文デザイン&DTP ㈱ユニオンワークス

第一章

# 昭和の「10大黒幕」

# 黒幕1 頭山 満

## 近代右翼運動の源流をつくったフィクサー

とうやま・みつる。1855～1944。右翼活動家。福岡県生まれ。西南戦争の翌年に国会開設を訴えて「向陽社」を設立。その後「玄洋社」に改名。日本の政治、経済の裏面を支え大アジア主義を唱える。

福岡藩士の三男として生まれた頭山満。日本の近代右翼運動の源流をつくった人物である。頭山の右翼思想の源流は、16歳のときに入門した興志塾にあった。

この塾は、女傑として知られた眼科医で儒学者の高場《たかば》乱《おさむ》が開いたものだ。当初、頭山は目の治療に高場のもとに通っていたが、塾の話を聞いて、俄然《がぜん》興味を持ち自ら入門した。頭山はここで、尊王思想の書として日本人に多大な影響を与えた浅見絅斎《けいさい》の『靖献《せいけん》遺言《いげん》』を学び、自らも講義した。頭山は、当時を振り返って、興志塾のことを「教えは徹頭徹尾、実践的だった」と語っている。この興志塾で、のちの玄洋社のメンバーとなる進藤喜平太、箱田六輔らに出会っている。

頭山が尊敬していた人物に西郷隆盛がいた。明治維新の元勲として尊敬していた西郷だが、西南戦争で敗北し自決してしまう。当時、頭山は士族の反乱である「萩の乱」に関係したとして警察に捕まり、投獄されていた。そのため、西南戦争にはかかわることができなかった。頭山が牢獄から釈放されたのは、西郷が自決した翌日であった。

これが頭山には非常に心残りであった。興志塾の出身者は西南戦争に呼応して、旧福岡藩士が起こした福岡の変に参加していただけに、その思いは非常に強かった。そのため、大久保利通が暗殺されると、頭山は板垣退助に決起を促がそうと高知に旅立つが、逆に板垣に説得され、自由民権運動に携わるようになった。

高知から福岡に戻った頭山は、興志塾の仲間だった進藤や箱田とともに自由民権運動の結社、向陽社をつくる。頭山が血気盛んな24歳のときであった。1881年に向陽社は玄洋社に名前を変えている。その結成時に掲げた三カ条が、「皇室を敬うべし」「日本国を愛すべし」「人民の権利を守るべし」であった。近代右翼の基本精神ともいうべきものであった。

一方、頭山には、利権右翼の側面も強い。炭鉱利権を手に入れ、これを三井などに転売し莫大な収益をあげた。そのために福岡県知事と手を組み、利権を狙う反対勢力と対抗し死傷事件も起こしている。また、頭山は朝日新聞の右翼対策や主婦の友社が右翼団体に恐喝されると、その仲裁を行っている。任侠の親分に近い存在でもあった。

## フィクサーとして名を上げる頭山満

頭山は玄洋社の中心人物だったが、社長になることはなかった。頭山が唯一社長になったのは、のちの西日本新聞の「福陵新報」である。この新聞で頭山は不平等条約改正反対を訴えた。日本にとって幕末に結ばれた不平等条約は改定すべきであるが、政府の進める改定では、まだ不平等が残るとして、頭山は反対を掲げていた。世論もそれを支持した。

このとき、改正の責任者は外相の大隈重信であった。大隈は外務省門前で爆弾を投げられて右脚切断の重傷を負っている。爆弾を投げたのは玄洋社社員の来島恒喜《くるしまつねき》であった。来島はその場で頸動脈を切って自害したが、そのため頭山も取り調べを受けた。しかし、証拠不十分で頭山は釈放される。

この事件の影響は大きかった。当時の黒田内閣はつぶれ、条約改正の動きは止まった。証拠はなかったが、事件の裏に頭山がいることは分かっていただけに、大隈の暗殺未遂事件は、頭山の黒幕としての力を見せる形になった。当時の頭山は、彼の前では宰相であっても萎縮するほどの威厳に満ちていたという。

頭山の格を上げた事件に「宮中某重大事件」というのがある。昭和天皇の妃《きさき》に島津家の血を引く久邇宮良子《ながこ》に内定したとき、長州閥であり当時の最高権力を握っていた元老の山県有朋が反対した。理由は島津家に視覚障害があるというものだった。

実際は、薩摩閥に妃を取られるのを嫌った山県の横やりだが、この山県を黙らせたのが頭山だった。右翼陣営をまとめて山県に圧力をかけたのだ。結局、妃は久邇宮良子に決まり、頭山の宮廷内での影響力も格段に上がった。

その後も、頭山の玄洋社は、数々の政治事件にかかわるが、次第に軸足を大アジア主義に移していく。特に中国の孫文と結びつき、中国の革命を支援するようになる。頭山と日本政府は、裏で莫大な資金を孫文に提供した。

このこともあり、辛亥革命は成功するが、日本政府は次第にアジア主義から遠ざかり、関東軍の暴走につられて中国との戦争に突入してしまう。頭山の目指した大アジア主義はアジア各国が平等に手を組み、欧米列強の侵略を排除していくことを目指していた。しかし、その後の日本政府は中国と戦争し、自国だけで欧米と戦い敗れる。しかし、頭山は日本の敗戦を見ることなく44年10月に亡くなっている。

黒幕2

# 里見 甫

## 大陸の闇を駆け抜けた阿片王

さとみ・はじめ。1896～1965。特務機関員。秋田県生まれ。上海に留学したのち、天津の邦字紙の記者になり、関東軍や国民党との人脈をつくる。その後、阿片密売のために里見機関を設立。

ベストセラー漫画『満州アヘンスクワッド』で登場する里山柾の実在モデルが、阿片王として知られる里見甫である。里見は1896年、秋田県山本郡能代町（現・能代市）に生まれた。その後、父親の赴任地である福岡の中学を卒業すると、玄洋社第2代社長の進藤喜平太の力添えで、福岡市の留学生として上海の東亜同文書院に入学した。

ここから、阿片王、里見の裏人生が始まるが、この当時はまだ、留学生の一人でしかなかった。

東亜同文書院を卒業すると、貿易会社に一時勤めるが退社し帰国。帰国後、同文書院の後輩である中山優の紹介で、天津の邦字紙である京津日日新聞の記者となる。その後、京津日日新聞の北京版である北京新聞が創刊されると、その主幹兼編集長となった。

ここから里見は本格的に阿片王の道を歩むことになる。新聞記者活動を通じて、関東軍の参謀である板垣征四郎や石原莞爾と知り合い、さらには国民党の郭沫若や蔣介石とも人脈ができるようになる。そして、里見は日本の諜報活動のために働くようになった。

1931年9月の満州事変勃発時には、奉天特務機関長・土肥原賢二大佐の指揮下で、甘粕正彦とともに諜報・宣伝・宣撫《せんぶ》工作を担当している。この工作が里見を裏組織へより一層深く関与させることになった。この工作を通じて、里見は中国の地下組織と強い人脈をつくり上げたのだ。

さらに、満州における国家代表通信社設立工作にも動いている。32年12月、満州における聯合と電通の通信網を統合した満州国通信社を設立し、そこの実質的な社長である主幹兼主筆に就任した。

関東軍と満州国は、ここにおいて、通信網を一つにまとめ情報を一元管理しようとした。その先兵として里見を使ったのだ。

そして、37年、里見が日本陸軍参謀本部第8課（宣伝謀略課）から依頼されたのが、特務資金調達のための阿片売買であった。抜群の中国語力と中国との地下組織や関東軍の人脈を見込まれた。

38年、里見は阿片売買のために、三井物産と興亜院などが設立した宏済善堂の副董事長に就任する。副董事長と副がついているが実質的な社長であった。

39年には、陸軍の特務機関であった昭和通商や中国の地下組織青幇や紅幇などとも連携し、アヘン密売を取り仕切る里見機関を、上海につくり上げた。

## 阿片売買による膨大な利益は関東軍の力の源泉になった

里見は、ペルシャ産や蒙古産の阿片の売買によって莫大な利益を得ることに成功した。また、関東軍が極秘に生産していた満洲産阿片や、日本軍が生産していた海南島産阿片も取り扱った。

これらによって上げられた膨大な利益は、関東軍の戦費に充てるだけでなく、一部の資金は日本の傀儡《かいらい》であった汪兆銘の南京国民政府にも渡った。経済面における東條英機ら関東軍の力の源泉は、この阿片にあったと言っても過言ではない。関東軍が陸軍本部を無視して活動できたのは、軍事力だけでなく経済的な裏付けがあったからだ。

さらに、里見は、この活動を通じて、蒋介石の裏面を支えた青幇の杜月笙・盛文頤や、日本のフィクサーと言われる笹川良一、児玉誉士夫、吉田裕彦らとの地下人脈も構築している。

まさに「阿片」を通じて、里見機関の地下人脈が中国と日本の裏社会に張り巡らされたのだ。

里見は、その後、戦況が悪化していた43年に宏済善堂を辞し、満鉄と中華航空の顧問となった。しかし、日本の敗戦が伝わると、45年9月にひそかに帰国し、京都や東京に潜伏する。

しかし、GHQの追跡を受け、里見は逮捕され、民間人としては初のA級戦犯容疑がかけられ、巣鴨プリズンに入れられてしまう。しかし、裏取引があったのかどうかは分からないが、46年9月に極東国際軍事裁判に出廷して証言を行った。そして、訴追されることなく、プリズンを釈放されている。

その後、里見は笹川良一のように表舞台に立つことなく、65年3月21日に心臓麻《ま》痺《ひ》で息を引き取った。

黒幕3

# 児玉誉士夫

## 戦後日本に君臨した「闇の支配者」

こだま・よしお。1911～1984。右翼フィクサー。没落士族の家に生まれ、朝鮮の京城商業専門学校を卒業。戦時中は上海で「児玉機関」を運営。戦後、その資金を民主党の結党に提供、政界で重きをなす。

ロッキード事件の被告として知られた児玉誉士夫は、政財界、そして右翼団体、暴力団、メディアを自由自在に動かす戦後最大の「黒幕」の一人である。

もっとも、その出自についてははっきりとしない部分も多く、それが児玉のミステリアスなカリスマ性につながっていたことも確かだ。

児玉は戦前の1911年、福島県の貧家で生まれたとされ、その後、朝鮮に渡り京城商業専門学校を卒業した後、日本に戻り右翼団体を点々とする生活を送ったという。

児玉が「フィクサー」として戦後日本の闇に君臨する上で土台となったのは、現在の価値で3000億～4000億円にもなると言われる隠匿資産である。

戦中、児玉は海軍航空本部の嘱託として物資調達のためのいわゆる「児玉機関」を上海で運営した。

この「児玉機関」とは、タングステンやコバルト、ニッケルといった軍需物資を納入するビジネスであり、児玉はその過程で大量のダイヤモンドやプラチナをため込んだ。そしてこの資産が後になって、児玉の神通力の「源泉」につながったわけである。

## 政財界の大物たちを操った児玉のバックに「米国の影」

戦後の1946年、占領軍に戦犯被疑者として逮捕された児玉は巣鴨プリズンに送られた。

しかし、2年後の48年に児玉は釈放される。児玉は最晩年に自身がCIAの協力者であったことを告白している。その時期がいつからであったかは議論の余地があるものの、この早期の釈放がひとつの「契機」であったのではないかとの説は有力である。

児玉は戦前に「児玉機関」で形成した資産を、海軍や連合国軍総司令部（GHQ）の目を逃れて大陸から日本へ持ち込むことに成功。それを鳩山一郎の日本民主党結党の原資として提供し、続いて同党と自由党との保守合同（55年の自由民主党誕生）に際しても力を貸した。

その一方、59年からの安保闘争に際しては、左翼勢力に対抗してヤクザ組織を動員。保守政権の防波堤として、全国博徒を結集した「東亜同友会」の結成をもくろんだ。結局、同会は結成されなかったものの、任侠の世界でその名声を高めた児玉は、関東と関西のヤクザの手打ちを仲介。三代目山口組・田岡一雄組長と東声会・町井久之会長との「兄弟盃《さかずき》」を実現させている。

「昭和の妖怪」と呼ばれた岸信介元首相とは表裏一体の関係を築き、岸が大野伴睦への政権禅譲を約束し、その念書を渡した際は驚くべきことにその「立会人」を務めている。もっとも、のちにその約束はあっさり反故《ほご》にされた。

また、岸信介政権における政治課題であった安保条約改定（１９６０年）にも、児玉は全国的な広がりを見せていた「安保闘争」の鎮圧といった裏仕事も引き受けている。

こうした児玉の暗躍は、国内ばかりにとどまらなかった。

65年の日韓国交実現においても日本政界の根回し役として関与。ジャパンマネーが韓国へ流れ込むと、その差配役の一人として日韓ビジネスの仕切り役となり、日本財界にも睨《にら》みを利かせた。

それにしてもなぜ、一時は戦犯として巣鴨プリズンに収監された児玉が、これほどまでに素早く権力の座を占めることができたのか。

それはひとえに、急速に危機の度合いを深めていた東西冷戦のなかで、アメリカが児玉の反共思想、そして権力とカネを一体のものとして操る天賦の才を買っていたからにほかならない。

しかし、さしもの児玉も、最後には自らの才に溺れる形となった。日本への旅客機売り込みを図るロッキード社から多額の秘密工作資金を受け取り、田中角栄と並ぶロッキード事件の主役として追及を受けるなかで、一手に握っていたはずの権力は少しずつ児玉から離れていった。それどころか児玉を「利権屋」と恨み、命を狙う右翼思想の徒まで出てきた。

84年1月に児玉が病没したとき、葬儀に出席した政治家はほとんどいなかった。

黒幕 4

# 岸信介

## 安保改定を成した「昭和の妖怪」

きし・のぶすけ。1896〜1987。内閣総理大臣。山口県生まれ。岸家に養子として入る。東大卒業後、農商務省に入省し満州国建設に関わる。戦後A級戦犯となり服役。公職追放解除後に自由党から衆院選当選。

岸信介と言えば、団塊の世代にとっては「60年安保条約」の締結に執念を燃やした強権的な政治家としての記憶が強いだろうが、最近では亡くなった安倍晋三元首相の祖父といったほうが分かりやすいかもしれない。

秀才として東大在学中から注目されていた岸は１９２０年に卒業後、農商務省に入省。

その後、36年に満州国へ出向となり、帰国し役人を辞めた直後の41年に東條内閣で商工大臣に就任、翌42年には衆議院議員選挙に出馬して当選し政治家人生を歩み始める。

しかし、45年に終戦を迎えると東條内閣での閣僚経験があることから、A級戦犯として逮捕され巣鴨プリズンに収容された。

このとき、家族を含め周囲は生きて帰っては来られないと覚悟していたという。

戦時中、日本の中枢で活躍した岸が有罪を免れることはできないと思ったからだ。しかし、東條英機ら7人の死刑が執行された翌日の48年12月24日に不起訴処分で釈放される。

これにはサイパン決戦をめぐり、東條と岸が激しくぶつかり、さらには辞職要求も受け付けなかったため、閣内不一致により総辞職に追い込まれた一件が大きく影響していると推測される。また、岸は辞職後、郷里の山口に帰って反東條の政治団体を結成し県内を遊説して回ってさえいるのだ。

東條内閣を壊し、また反東條を旗印とする組織の結成が、純粋な政治信念に基づいた行動だけによるものか、もしくは敗戦を見越して戦犯から逃れるための布石だったのかは分からない。

しかし、あらゆる状況に置かれても、自らの考えを曲げずに最善策を選択することを心掛けていたとだけは言えるだろう。

## 暴漢に刺されながらも「安保改定」を実現に導く

１９５７年、病に倒れた石橋首相に代わって首相の座に就いた。巣鴨プリズンから出所しておよそ10年後のことだった。

岸は巣鴨プリズン時代、軍指導者たちの腑抜けぶりを目にして敗戦国日本の再興を決意したという。

安保改定にあたり、岸は国中を敵に回すような攻撃を受けるが、決して怯《ひる》むようなことはなかった。

国会周辺が数万人のデモに囲まれ、衝突によって女子大生の犠牲者が出たときも、「外は騒がしくても後楽園球場は満員だ。私を支持する国民の声なき声がある」（サイレントマジョリティー発言）と日米関係の強化に走る。

そして、1960年の「日米安保条約」は国会において強行採決され、岸内閣は混乱の責任を取って総辞職に追い込まれたのである。岸は「安保改定がきちんと評価されるには50年はかかる」と言い残した。

岸は退陣を表明後、暴漢に刺され重傷を負うという事件にも巻き込まれているが、のちに直近で目撃していた新聞記者に「君は人が死んだと思って私の頭を跨《また》いだ男だからなあ」とユーモアを交えて語る余裕があったという。

岸はその後も、池田勇人政権、そして実弟の佐藤栄作政権において隠然たる支配力を保持し、その後頭角を現した田中角栄とは暗闘を繰り広げた。

さらに、岸のDNAはその後も生き続けた。安倍元首相の母・洋子は、岸の実娘であり、安倍元首相自身、政治家としては父の安倍晋太郎よりも祖父の岸信介の影響を強く受けたと述べていた。

岸は、「自らがやり残し、誰かがやらなければならない仕事」として2つ挙げている。1つは「改憲」であり、もう1つが「北方領土返還」である。

安倍の信念は、それをそのまま受け継いだものであり、岸の執念と悲願はまさに時空を超えて存続していたと言えるだろう。

しかし、岸の残した負の遺産も大きかった。統一教会という岸が利用し、バックアップした亡霊によって、安倍晋三元首相が殺されることになるとは、頭脳明晰《めいせき》であった岸信介も想像できなかっただろう。

# 黒幕5 笹川良一

## 競艇利権で「首領」と呼ばれた男

ささかわ・りょういち。1899〜1995。日本船舶振興会初代会長。大阪府豊川村（現箕面市）生まれ。戦前、国粋大衆党を結成。一方、株式相場で莫大な財産を築く。戦後は競艇事業の利権を一手に握った。

「私は世界でいちばん金持ちのファシストである」――。

人が笹川について語るとき、必ず持ち出される本人のセリフである。

1974年、アメリカの『タイム』誌のインタビューに本人が語ったこの言葉は、笹川の人物像をあまりにも鮮烈に印象付けることになった。しかしその実、彼の本当の生きざまについては必ずしも詳しく知られてはいない。

本人の語る通り、ファシストであったのは事実である。

笹川は1899年、大阪府三島郡（現在の箕面市）に造り酒屋の長男として生まれた。実家は代々庄屋を務めた名家として知られる。

1925年、豊川村の村会議員となり、政治活動を開始。1931年、32歳のときに国粋大衆党を結成。党員数約1万5000人を擁して「満蒙進出」「国際連盟脱退」「反英親独伊」などの強硬外交を主張した。

また、イタリアのムッソリーニを崇拝し、ファシスト党の制服に似せて私兵に黒シャツの国防服を着せていたという。

それでいて、太平洋戦争には慎重姿勢を示す合理的思考も持ち合わせていた。そのおかげで戦後、A級戦犯容疑者の指定を受けて巣鴨プリズンに3年間収監されながら、不起訴となり釈放された。

一方、巣鴨プリズンでの経験は彼の人生に転機をもたらした。

アメリカの情報誌に載っていたモーターボートの写真から競艇構想を思いつき、釈放後には国策研究会の矢次一夫らと図って、持ち前の強引な政界ロビイングで実現させた。そして、2兆円にまで膨れ上がった競艇事業のアガリを背景に、反共活動や政界の黒幕として振る舞うのである。

だが、これは笹川の一面を見せているにすぎない。マネーを気前よく慈善事業に振り向けていたことから、海外では社会奉仕活動家として認められ、アメリカのジミー・カーター元大統領やジョン・ロックフェラーらと交友した。

## 競艇利権が実力の源泉　「ロッキード事件」にも関与説

笹川が慈善事業に注力したのも、巣鴨プリズンがきっかけだった。釈放後、酒もたばこも断って戦犯者やその家族らへの支援、刑死者の慰霊に奔走。その後はWHOの天然痘根絶事業に対して、民間としては世界一の資金協力を行い、ハンセン病のワクチン改良に際しては自らがワクチン接種の第一号被験者となった。笹川のパワーの源泉は右翼人脈や資金力のみならず、日本の枠に収まり切らないダイナミックな事業展開力にあったと言える。

自らが表舞台に立つことに極めて消極的だった児玉誉士夫とは対照的に、笹川は日本船舶振興会のテレビCMにも出演するなど、陽気なキャラクターの好々爺《こうこうや》として認知されていた。

笹川の戦前から戦後にかけての「激動の人生」を知らない世代にも、「一日一善」「人類みな兄弟」「戸締まり用心、火の用心」といったフレーズは広く知られている。

笹川のこの「黒幕」らしからぬ愛嬌《あいきょう》は、競艇（現・ボートレース）の事業による安定的な収益によって、特定の政治勢力と密接な関係を維持したり、あるいは極端な利益誘導をする必要がなかったことによる、「余裕」の産物であったのかもしれない。

笹川の「実力」を示す逸話に田中角栄との暗闘がある。

いまもまことしやかに囁《ささや》かれるのが「ロッキード事件」の発覚に笹川良一が関与していたという説だ。

潤沢な競艇利権に目をつけた角栄が、政治的な圧力をかけ「乗っ取り」を画策。しかし、逆に笹川は米国と協力し、ロッキード事件を関係各所にリークしたというものだ。

その説が真実かどうかは置くとして、天下を取った当時の角栄に対抗できる存在として認知されていたところに笹川の「凄《すご》み」がある。

1995年、笹川は96年に及んだ波瀾《はらん》万丈の人生に幕を下ろした。巨額の富を残した印象のある笹川だが、資産の多くは社会奉仕事業などに回しており、死後は財産よりも借入金のほうが多い「赤字」の状態であったという。

笹川の死後になって、知られざる半生に関する資料公開がなされ、本格的な評伝や戦後史における笹川良一の正確な位置づけが行われるようになった。

黒幕 6

# 田中角栄

## 人情とカネで人心を掌握した伝説の男

たなか・かくえい。１９１８〜１９９３。内閣総理大臣。新潟県の農家に生まれる。満州での兵役を経て１９４７年、衆議院選挙初当選。１９７２年に総理大臣就任。日中国交正常化を実現、日本列島改造論をブチ上げた。

「戦後最大の宰相」と呼ばれる元総理大臣、田中角栄。没後30年を経た現在でも全国的な「角栄ブーム」が起きるなど、その人気とカリスマ性は、いまなお色褪《あ》せることはない。

総選挙が近づくたびに、陣笠議員たちが自民党幹事長・田中角栄のもとを訪れてくる。無論、資金の相談であることは百も承知だ。

「田中先生、実は……」「キミ、いくら必要なんだ」「申し訳ありません。実はどうしても１００万円ほど……」

角栄はその場で秘書に現金を用意させた。「これを使いなさい」

ブ厚い封筒の中に、１００万円の帯封３本が入っていた。

「先生、これは……」「１００万円は使いなさい。１００万円は貯金すればいい。残った１００万円で、家族や支援者にうまいものを食わせなさい」

これは、田中角栄の金銭哲学にまつわる最も有名なエピソードのひとつである。無学ながら一国の宰相に上り詰めた男のいつわりない人生を端的に示す逸話と言えよう。

角栄の総理在任期間は1972年から74年までの約2年余りと長くはない。むしろ、76年に「ロッキード事件」における受託収賄罪で逮捕され自民党を離党した後、院政を敷いた10年間が、政治家・田中角栄の「最盛期」だったと言ってもいい。78年、仇敵・福田赳夫を総理退陣に追い込むと、最大派閥のドンとして君臨。大平・鈴木・中曽根内閣を演出し、思いのままに操った。人はそれを「角影内閣」「田中曽根内閣」と呼び、党幹部の「目白詣で」はいつしか恒例行事となった。

当時の田中派は金丸、竹下ら幹部の下に小沢、橋本、小渕ら「七奉行」がひしめき、ロッキード裁判対策として法務大臣も田中派の指定席。

官房長官には霞が関に抑えの利く後藤田正晴を重用し、秘書には新聞記者出身の早坂茂三、金庫番には「越山会の女王」佐藤昭子と、キングメーカーの周囲を固める役者たちに不足はなかった。

田中は、東大を出た霞が関の官僚たちの操縦術も心得ており、また人気もあった。

エリートと雑草の親分肌、まったく異質な者同士の波長が合うこともある。

田中は常に「責任はオレが取る。だから働け」と言い、それを実行した。

田中が蔵相時、主税局課長だった山下元利が所得税法改正案にかかる税率の数字を間違えるという大事件を起こした際も平然とこう言い放った。

「大したことはない。日本のソロバンがコンピューターのミスを発見したことにしておけばいいんだ」

山下はその後政界へ転じ、最後まで角栄を支えた。

## 「裏切者」竹下登に激怒、皇民党事件で見せた意地

ロッキード事件の被告となっても権勢を振るった角栄だったが、1985年に脳梗塞で倒れたことを機に支配力は低下。しかし、そこで「闇将軍」の意地を見せつけたのが87年の「皇民党事件」だった。

85年、田中派を見切る形で「創政会」を立ち上げ、さらに87年に「経世会」として独立を果たした竹下登に対し、角栄は激怒する。「日本一金もうけのうまい竹下さんを総理大臣に！」。右翼団体・皇民党による露骨な「ほめ殺し事件」が始まっ

たのである。そこに角栄の怨念が働いていることは明らかだった。

右翼の街宣は延々と続いた。ほとほと困り果てた竹下は、東京佐川急便・渡辺広康社長に仲裁を依頼。「竹下自ら目白へ謝罪に行く」ことで手打ちとする話がついた。

しかし、記者とカメラの放列が待ち構える目白の田中邸に到着した竹下の車は「門前払い」を受ける。その大恥をかくシーンは電波に乗って広くお茶の間に放映された。それ以降、「ほめ殺し」はやんだが、それは権力の座にしがみつく「闇将軍」の最後の抵抗にほかならなかった。

93年に角栄は死去し、派閥が拮抗《きっこう》しながら自民党内を活性化させるという日本の伝統的な政治フォルムは姿を消した。

だが角栄の没後、いまだに人気、実力、圧倒的なスケール感において田中角栄を超える政治リーダーが出現していないのはおそらく事実であろう。言い換えれば、角栄という人物には「時代」があり、その後の政治家にはそれがなかった。その差はあまりに決定的である。

黒幕 7

# 小佐野賢治

## 高度経済成長時代を生きた「政商」

おさの・けんじ。1917〜1986。国際興業社主。小作農の子として生まれる。軍隊生活後の23歳のとき自動車部品会社を設立し、軍とのパイプにより成功。この資金をもとに戦後「国際興業」を立ち上げる。

東京・池袋駅西口のバスロータリー開発が、小佐野賢治とその刎頸《ふんけい》の友・田中角栄の共同作品であることを知る人は意外に少ない。

田中が通産大臣に在任していた1971年、小佐野が経営する国際興業のバス事業を拡大させるために、近隣の学校移転も含めた大事業を強引とも言えるやり方で推し進めたのだ。小佐野がこの世に生きた証しは、いまもそこかしこに残存しているのである。

山梨県の、決して豊かとは言えない農家に生まれた小佐野賢治は、体格が良く成績も上位で、ひときわ目立つ子供だった。

また、高等小学校の頃から実業家を志していたという。自分にとっての道がどこにあるかを、早い時期から気づいていた。のちに〝政商〟と呼ばれる大物になったことも、彼の人生の予定表には書き込み済みだったのかもしれない。

15歳で自動車部品会社に就職し、仕入れ・販売・経理など仕事のノウハウを身につけた小佐野は、23歳で自分の部品会社を起こす。

その前、2年ほど中国で従軍生活を送ったことが、自らの部品会社を成功させることにもなった。嘱託として軍の人脈に食い込み、会社の規模はみるみるうちに拡大していく。

また、小佐野が軍のカネを戦争のどさくさにまぎれて手に入れたという黒い噂も根強い。

日本が敗戦を迎えた後、ほどなくして起こる朝鮮戦争による特需が、小佐野の会社にとっても大きな追い風となる。自動車部品という戦争には不可欠な商品を扱っていたことは、会社に莫大な利益をもたらしていった。

ホテル買収も次々と行い、小佐野の代名詞とも言える社名「国際興業」によるバス事業にも乗り出していくことになる。

しかし「バス王」とは呼ばれたが、それは小佐野の一面でしかなかったとも言えるだろう。こうした事業拡大をしていく端緒となった人脈は、政治家では「カミソリ将軍」と呼ばれた田辺七六《しちろく》代議士。阪急東宝グループの創業者、小林一三の異母弟である田辺は戦時中から小佐野をかわいがっていた。

実業家では、東急グループの五島慶太だった。小佐野がまだ20代の頃、五島と直接交渉して「強羅ホテル」を買い取る。五島慶太は田辺代議士に紹介された。

まだ20代の若さでありながら、小佐野の迫力ある面構えと体躯《たいく》は、有力な政治家と有力な実業家に一目置かれる存在となっていた。

次々とホテルや会社を買収して事業を拡大していった小佐野の個人資産は、やがて1兆円に達するほどにもなったという。

## 歴史に残る名セリフ「記憶にございません」

1976年、政財界を揺るがす「ロッキード事件」が発覚する。

自社の航空機を売り込むため、ロッキード社が40億円にも上る工作資金を日本の政治家や高官、実業家に渡したとされた。

やがて、総理大臣経験者の田中角栄が逮捕されるという大事件へと展開していく。工作資金ルートのひとつに関わったとして、一気に小佐野の名も知れ渡る結果となった。

小佐野は渦中の政治家・田中角栄とも仲が良かった。2人とも叩き上げでカネと権力を手に入れたという共通項がある。

ロッキード事件発覚後、押し出しの強い2つの顔がテレビに連続して映し出されることが多くなった。

国会の証人喚問で追及された小佐野は、流行語にもなったセリフを吐くことになる。

「記憶にございません」

若い頃から、「押し出しの強さ」だけでなく「おとぼけ」も巧みに使っていたという。その二刀流を駆使して、大物の黒幕に成り上がった男の真骨頂だった。

しかし、昭和の時代が終わる3年前の86年、すい臓がんを患って世を去る間際は、こう口にしていたという。

「カネがいくらあっても、墓場には持っていけない」

黒幕 8

戦後をデザインした大衆扇動者

# 正力松太郎

しょうりき・まつたろう。1885〜1969。読売新聞社社主。富山県射水郡（現・射水市）生まれ。東京帝大卒業後、警視庁入庁。戦後、A級戦犯として収監されるが釈放。後に「日本テレビ放送網」社長に就任。

ノンフィクション作家・佐野眞一の代表作『巨怪伝』は、正力松太郎の生涯を足かけ9年にわたる取材によって描いた労作である。

読売新聞社に入社する記者たちの必読書となっているこの本は、一人の男の伝記であると同時に、日本のリアルな戦後史としても読める作品である。

元警察官僚、読売新聞社社主、プロ野球の父、初代科学技術庁長官など、さまざまな顔を持つ正力だが、とりわけ一般層に知られているのは「テレビの父」という肩書だ。

テレビ放送は戦後、日本のお茶の間に、なくてはならない娯楽、情報源として普及し、国民生活をコントロールしてきた。いまなお堅固に残存する免許制度に守られたテレビ局と政治の互恵関係。正力はその大システムの立役者であり、その意味で戦後大衆社会の大黒幕といえる。

また、正力は日本に原発を導入した人物でもある。

正力は1955年の衆議院選挙で初当選して第3次鳩山内閣に入閣。翌年には原子力委員会の初代委員長、科学技術庁の初代長官に就任し、2年後には早くも国内初の原子炉（実験炉）に灯をともすなど、原発導入を強力に牽引した。

当時、日本には産業発展のための電力が決定的に不足していたのは事実で、彼の貢献がなければ高度経済成長時代への突入は遅れていたかもしれない。

もっとも、正力は原子力の技術について毛の先ほども理解していなかったと言われる。国会審議の中で「核燃料」を「ガイ燃料」と発音し、失笑を買ったエピソードは有名だ。

「テレビの父」「プロ野球の父」「原子力の父」と言えば聞こえはいいが、正力のA級戦犯としての過去、あるいはその後のダークな一面はそれほど知られていない。

あの関東大震災時に「朝鮮人が暴動を起こしている」という有名なデマを流したのは正力であったとされる。

また、「日本テレビ」創設にあたっては、日本に軍事目的のマイクロ波多重通信網を設置したいと考えていたCIAの思惑を正力が受け入れ、正力はCIAの「心理的再占領」を承知しながら、あえて計画を推し進めていたことも、研究者の著書によって明らかにされている（『日本テレビとＣＩＡ　発掘された「正力ファイル」』有馬哲夫著、新潮社、２００６年刊）。

目的のためには手段を選ばぬというキラーで強引な性格があってこそ、これだけの仕事を手がけられたとも言えるが、米国を利用しつつも決して操られることはない正力の懐の深さが見て取れる。

## 「巨怪」正力松太郎を支えた無数の影武者と「無告の民」

もっとも、正力が手がけたさまざまな事業は、正力一人が手がけて実行したものではない。

佐野眞一の『巨怪伝』は、そのサブタイトルに「正力松太郎と影武者たちの一世紀」とあるように、正力の仕事のほとんどが、実は数多くの参謀役、懐刀たちのアイデアと指導により実行されたものであることを強調している。

正力にあったものはおおむね「事業欲」と「政治的野心」であり、テレビ、プロ野球、読売新聞、原子力と、大衆を扇動し、その欲望を利用しようと動き回ったのは正力の下に隠れた、「黒幕の黒幕」だったというわけである。

１９２３年、「虎ノ門事件」（皇太子狙撃事件）で警視庁を引責辞職された正力は、その四半世紀後、あの長嶋のサヨナラホームランで知られる「天覧試合」で貴賓席の天皇の後ろに座ることになる。

天皇陛下が満足そうに貴賓席を後にすると、正力は感激のあまり転倒したという。俗と欲の塊であった正力松太郎。米国公文書館が公開した外交機密文書から正力に関するファイルを見つけた早稲田大学教授の有馬哲夫は、著書『原発・正力・ＣＩＡ』（新潮新書）のなかでこう述べている。

「原発、正力、ＣＩＡはよく似ている。その存在を賛美することはできないが、かといって否定することもできない」

# 黒幕9 田岡一雄

## 日本最大の暴力団のカリスマ

たおか・かずお。1913～1981。三代目山口組組長。徳島県三庄村の農家に生まれる。17歳で任侠の道へ。24歳で山口組の若衆となる。25歳のとき刺殺事件で31歳まで服役。出所後、山口組三代目を襲名。

山口組の「山」の文字を菱形にデザインした「ヤマビシ」と呼ばれる紋章は、任侠の世界にあこがれる者にとって高いブランドイメージを持つ。それは日本最多の構成員を擁した巨大組織・山口組の象徴であった。

山口組は裏社会の憲法であり、その秩序はいまなお日本の見えない掟《おきて》として機能していた。

昭和の時代に山口組を日本一のヤクザ組織に引き上げ、「日本の裏秩序」の基礎を築き上げたのが、田岡一雄だった。

山口組二代目組長・山口登に田岡一雄が盃《さかずき》を受けたのは、24歳のときだった。1936年、厳寒の1月20日。二・二六事件が起こるおよそ1カ月前のことである。

戦争に向かう日本全体を覆う殺気立った世相に呼応するように、20代だった田岡の青春があった。

元々が港湾・荷役業務を請け負う集団として出発した山口組は、構成員の気性が激しいことで知られていたが、田岡もその例に漏れなかった。もっとも、田岡は実業家としての才覚も早い時期から認められていたため、組織運営の中心人物となっていった。

だが、37年、山口組から破門された大長政吉とのいさかいから、弟の大長八郎を刺殺することになる。

大長八郎とはお互いに「ハチ」「クマ（田岡の愛称）」と呼び合う仲だったが、自分の筋を通そうとする田岡の日本刀にためらいはなかった。

この刺殺事件により、田岡は戦時中のほとんどを獄中で過ごす。そして服役中、田岡は山口組二代目・山口登の死を知る。

そのときの思いを彼はこう綴《つづ》っている。

「二代目山口登にはわたしはずいぶんと目をかけてもらってきた。子分のなかでも、かけ離れて一番年下だったわたしを、末っ子のようにかわいがってくれた。（中略）わたしは胸を熱くつまらせ、この大事に、こうして自由のきかぬ刑務所にいる自分の身が、このときほど情けなく、もどかしく思えたことはない」（山口組三代目

田岡一雄自伝）

二代目を失ったことは衝撃だったが、彼にとってこの服役は、戦後の昭和における山口組勢力拡大への雌伏の時期だったと言えるだろう。

43年、恩赦減刑出所した31歳の田岡が、次なるビジョンを心に抱いていたのは間違いない。

## 芸能・興行ビジネスを仕切り美空ひばりの「後見人」に

やがて終戦。田岡は昭和天皇の玉音放送を、賭場で聞いた。

そして１９４６年に山口組三代目を襲名すると、実業家であり任侠集団のリーダーたる田岡の精力的な活動に火がついた。

昭和20年代から30年代にかけ、「神戸芸能社」社長、日本プロレス協会副会長などの職につき、田岡は芸能・興行への強大な影響力を持つようになっていく。戦後を代表する歌手・美空ひばりの後ろ盾であったことは、まったく隠されていないことだった。

戦後昭和の裏社会と表社会、どちらにおいても、田岡は幅広く活動していたが、とりわけユニークなのが「麻薬追放国土浄化連盟」への参加だろう。

この連盟は、右翼の田中清玄、左翼の社会党参議院議員・市川房枝も参加していた。

田岡一雄は、気性の激しさを持つと同時に、冷静に状況分析ができる人物でもあった。麻薬浄化運動のように、社会との関わりを持とうという発想もある。

田岡が昭和を代表するヤクザであり黒幕と称される所以《ゆえん》は、そうした柔軟性にあったのだろう。

78年には京都のクラブ「ベラミ」にてヒットマン・鳴海清に襲撃され、辛くも一命を取り留めたが（鳴海はその後、六甲山中で遺体となって発見された）、3年後の81年、急性心不全で死去している。

ヤクザという生き方が社会的にほぼ容認されなくなった昨今、山口組は分裂し、不毛な内部抗争を繰り広げている。泉下の田岡はいま、何を思うのだろうか。

## 黒幕 10

# 許 永中

## 日韓を暗躍した「バブルの怪人」

きょ・えいちゅう。1947〜。フィクサー。在日朝鮮人として生まれる。大学中退後、東邦エンタープライズを設立、闇経済の世界に。その後、大型経済事件の仕掛け人となり、「地下経済の帝王」と呼ばれる。

許永中の生家は、大阪市北区の淀川べりにあった朝鮮人部落の一角である。生計を支えるため、どぶろくを密造していた母親は、たびたび摘発に遭ったという。

大阪工大では柔道で活躍。しかし、いつしか子分を従えてマージャンやケンカに明け暮れるようになる。本物のヤクザと衝突し、ボロボロにやられたこともあった。ある暴力団組長に間に入ってもらい後始末をした。

大学を中退した許は、会社勤めもしたが、「人に仕えるのはばかばかしい」と26歳の頃に土建会社を起こした。暴力団とも連携して談合調整を主な仕事とし、徐々に頭角を現す。大阪のフィクサーや生命保険会社社長ら経済人、政治家の懐にも飛び込んでいく。

戦後最大の経済事件と言われたイトマン事件で許が問われた罪は、絵画をイトマンに不当な高値で売りつけて巨額の損害を与えた特別背任と、その絵画取引による所得約76億円を申告せず、およそ30億円を脱税したという法人税法違反である。

支配下の企業を使った絵画取引でイトマンから引き出したカネの総額は557億円。イトマンがそこまで絵画取引にのめり込んだのは、住友銀行から送り込まれていた社長の河村良彦が、許によって完全に籠絡されていたからにほかならない。

狙い定めた相手を籠絡する手口は、2段階に分かれた。まず、相手に大金をつかませて〝金縛り〟にする。そして相手から巨額の資金を引き出すと、その一部をキックバックして共に甘い汁を吸わせる。つまりは共犯にしてしまうのだ。

業績低迷で住友銀行から退任圧力を受けていた河村は、許のもたらすキックバックで見せかけの利益をつくり出し、社長の座にしがみついた。そして、それに気付いていたはずの住友銀行も、スキャンダル発覚を恐れて対策を打てなかったのだ。

許はイトマンを食いものにしながら、それまで信用のカタマリのごとく見られていた銀行の暗部を、これでもかとばかりに浮き彫りにしたのだ。


**裁判中に韓国へ「逃亡」現在は祖国で静かな生活**

許は、今に至るも「極悪人」として指弾されることがない。それは結局のところ、彼らがカモにしたのが鼻持ちならない日本人エリートの、ケチくさい虚栄心だったからだろう。

許は1997年、イトマン事件の公判中に実家の法要を理由にそのまま逃亡。6億円の保釈金を捨てる大胆な行動に関係者は驚いたが、2年後に日本国内のホテル前で逮捕。その間、許は日韓を行き来しながら関係者との密会を重ねていたことが分かっている。

イトマン事件と石橋産業事件でそれぞれ実刑判決を受け、許は国内の刑務所に服役。だが、2012年に韓国の刑務所に移送され、その後に仮出所した。

許はその後、韓国で『週刊新潮』のインタビューに応じ、逃亡理由として1997年に宅見組の宅見勝・山口組若頭が射殺された際、自身も狙われていると知ったことを挙げている。

また、激動の人生を送った晩年に、家族とともに過ごしたいという心境が強くなったことを吐露した。「バブルの怪人」も、やはり人の子であった。

# 第二章 闇の帝王

黒幕

# 11 甘粕正彦

## 戦前、戦中を代表する特務工作員

あまかす・まさひこ。1891～1945。満州映画協会理事長。1912年、陸軍士官学校を卒業。憲兵中尉となる。憲兵大尉のときに甘粕事件を起こす。その後満州に渡り、関東軍の特務工作を担う。

第四次川中島の合戦で奮戦した上杉家家臣の甘粕景持の子孫にあたるのが、甘粕事件で知られる甘粕正彦である。彼は関東軍の特務工作員としてさまざまな諜報《ちょうほう》、謀略活動に関わってきた。阿片王の里見甫とも張作霖事件で関わっている。

甘粕は１９１２年5月に陸軍士官学校を卒業し陸軍少尉として歩兵科に配属された。しかし、陸軍戸山学校で膝を負傷したため、18年、憲兵へ転科する。このとき、上官の東條英機から薫陶を受けて、歩兵への思いを断ち切って憲兵になったという。

23年、甘粕事件を引き起こす。関東大震災に乗じて、アナキストの大杉栄と伊藤野枝、そして6歳の野枝の甥、橘宗一を虐殺した事件である。甘粕が首謀者で、実行犯は命令された部下となっているが、事件の真相についてはいまだに不明点が多く残っている。事件の首謀者として甘粕は10年の禁固刑を受けるが、恩赦により7年半で出獄した。その後、結婚し、30年に満州へ渡った。

ここから、甘粕は関東軍の特務工作員として、さまざまな謀略に携わることになる。満州での肩書は南満州鉄道東亜経済調査局奉天主任であった。

その一方、関東軍特務機関長の土肥原賢二大佐のもとで、諜報工作を行うようになる。さらに、大川周明を通じて右翼団体・大雄峯会に入会した。

大雄峯会は、のちに柳条湖事件や自治指導部などで満州国建設に重要な役割を果たすことになる右翼団体である。甘粕は、そのメンバーの一部を手下にして、甘粕機関という民間の特務機関を設立した。麻薬取引も行い蓄財したと言われる。

31年の満州事変では、清朝12代皇帝、愛新覚羅溥儀を満州国の皇帝にするべく、幽閉されていた天津から連れ出し満州国まで移送させることに成功する。甘粕は、その後、その功績が認められて民政部警務司長（警察庁長官）に抜擢《ばってき》された。そして、満州国協和会の理事、中央本部総務部長を経て満州映画協会の理事長となった。

この満州時代の甘粕は〝満州の夜の帝王〟と呼ばれ、さまざまな裏工作を行っている。その謀略の資金は満映から出ていたという。しかし、その裏工作はすべて日本政府の指示であった。満州のフィクサーであった甘粕は日本政府に操られていたに過ぎなかったのだろう。その甘粕も日本の敗戦と同時に自らの命を絶っている。

## 黒幕 12

# 稲川聖城

## 任侠世界の伝説的ヒーロー

いながわ・せいじょう。1914～2007。稲川会初代会長。横浜に生まれる。本名は角二。1933年、三代目堀井一家の下で渡世入り。1949年、熱海の山崎屋一家五代目を継承し、「稲川組（後の稲川会）」を結成。

稲川会初代会長で、のちに総裁となる稲川聖城は1914年に横浜で生まれた。

戦前、19歳の頃、近所の柔道場で猛稽古に励んでいるとき、堀井一家の加藤伝兵衛三代目総長と知り合い、その闘志と腕っ節の強さを買われる。逆に稲川も加藤の器量の大きさに惹《ひ》かれ盃《さかずき》をもらって渡世入りを果たす。厳しい修業を積んで、戦後の49年には熱海を中心に広大な縄張りを持つ老舗の山崎屋一家五代目を継承。

同時に稲川組を起こし、入門前に「横浜愚連隊四天王」と呼ばれて恐れられた「モロッコの辰」こと出口辰夫、井上喜人、林喜一郎、吉水金吾ら、有能な若い衆が続々と入門し一気に勢力は拡大。稲川組は今日の稲川会の隆盛の原点となった。

ところが、翌50年には、その勢いに目を付けられ、GHQによって稲川組に解散命令が出される。だが、稲川は地元の有力政治家と話し合い、しばらく賭場を閉めるという譲歩案を出して、結果的に解散命令は解除され、組織は維持されることになった。稲川のこうしたバランス感覚と調整能力は、稲川会という組織が戦後日本の経済発展と歩調を合わせて巨大化していった大きな要因のひとつといえるだろう。

また、稲川は「戦後最大の黒幕」こと児玉誉士夫とも特に関係が深かった。

59年、多摩川を越えて銀座に稲川興業の看板を掲げ東京事務所を設立した稲川に、児玉は安保闘争の警備協力を要請。安保改定に反対する学生を中心としたデモ隊の数が、警察の警備力を圧倒的に上回り、このままでは治安が維持できないと悟ったのだ。児玉が稲川に裏仕事を要請した理由は、1000人単位の人員を一声で集められる稲川の力量を認めていたからだった。また、児玉のバックには岸信介首相が存在し、暗にアウトローたちの協力を望んでいたとされる。

65年、「第1次頂上作戦」により組織は解散。稲川も賭博開帳図利罪で逮捕され、懲役3年の実刑判決を受けた。だが、72年に社会復帰すると組織名称を「稲川会」として体制の立て直しに邁進《まいしん》。初代会長として組織を全力で牽引した後の86年には、横須賀一家五代目総長の石井隆匡《たかまさ》理事長へ二代目会長の座を譲って、自らは総裁に就任した。そして、2007年に亡くなる最後の一瞬まで、組織の繁栄と後進の成長を温かく見守ったのである。

黒幕 13

# 町井久之

## 在日社会の「猛牛」伝説

まちい・ひさゆき。1923〜2002。東声会会長。本名は鄭建永。大学在学中から愚連隊のリーダー。終戦後、「町井一家」をつくり、在日コリアン団体結成にも関与。「東声会」「東亜相互企業」を設立。

戦後、東京の繁華街では、多くのヤクザ組織やヤクザたちがひしめき合いながら利権を奪い合ってきたが、かつて、ある一人の男によって繁華街の大半が牛耳られていた時代があった。その男とは東声会会長だった町井久之である。

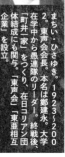

町井は在日二世で本名は鄭《チョン》建《ゴ》永《ニョン》。１９３６年、13歳のとき現在の韓国から日本へと移り住んだ。その後、専修大学へと進学するが授業にはほとんど出席せず、もっぱらケンカに明け暮れていた。身長は１８０センチ超で腕っ節も強く、向かうところ敵なしで、現役力士たちと大立ち回りを演じたときでも、力士らは全員が地面に這いつくばる結果になったという。

戦後になると、町井は暴力性の強い愚連隊のリーダーとして名を馳《は》せ、在日コリアン団体とも深く関わっていくことになった。そして右翼思想にも目覚め、反共運動に情熱を燃やし始める。その凄《すさ》まじいまでの戦いぶりを人々が「猛牛」と呼んだことから、たちまち、その異名は東京の裏社会全体に知れ渡っていく。

そして、すでに同胞を主体とする大人数の集団を率いていたが、これがのちの全盛期に1500人に及んだ「東声会」の核となった。

47年に反共グループとして「東声会」を設立。東声会とは「東洋の声に耳を傾ける」に由来し、朝鮮半島を意識した命名であった。63年、反・共産主義というスタンスの共通性から親交の深い児玉誉士夫の取り持ちで、町井は三代目山口組・田岡一雄組長を兄とする兄弟分の絆を結ぶ。しかし、警視庁の「第1次頂上作戦」のターゲットとされたこともあり、66年に東声会は解散に至った。

町井は同時期、東声会の会長と並行して、61年に「東亜相互企業」を設立し料亭の経営などを始め、「東亜相互企業」の会長は児玉が務めた。

73年には六本木に「TSK－CCCターミナルビル」が竣工、「東亜相互企業」もオフィスを構えた。記念パーティーには政財界、芸能界から6000人もの客が駆け付け、町井の権勢はピークに達したのである。だが、76年の「ロッキード事件」で児玉が失脚。児玉が亡くなった80年代半ば以降は、ヤクザ社会とも距離を取り、町井が人前に姿を見せることはほとんどなかったという。

# 黒幕 14
## 都会派アウトローの長き生涯
# 安藤 昇

あんどう・のぼる。1926～2015。東興業社長・俳優。新宿出身。終戦直後には愚連隊「下北沢グループ」を形成。1952年に株式会社「東興業」を設立。安藤組と呼ばれヤクザや愚連隊から恐れられた。

安藤昇は戦争中、伏龍特攻隊として命の危険と隣り合わせの訓練を重ねていたが終戦を迎え復員した。１９４６年に法政大学に入学したが翌年に退学。不良仲間とともに東京・下北沢で愚連隊「下北沢グループ」を結成して暴れ回るようになった。52年、渋谷に進出し「東興業」（安藤組）を設立。当初は不動産業や興行で収入を得ていた。だが、次第に力を付け始めると、「愚連隊の神様」こと万年東一の口利きもあって、地元のヤクザ組織と話し合った末に賭場を開帳したり債権を回収するなど、本来ならヤクザ組織が扱う裏社会の分野にまで触手を伸ばし、さらに勢力を拡大させていった。

それでも、安藤らは決してヤクザのフリをするようなマネはしなかった。

当時、ヤクザの若い衆の格好は、ダボシャツにステテコ、雪駄履きも多く、着流しなども少なくなかったが、東興業ではスーツの着用、そしてヤクザの代名詞と言えるイレズミや指詰めも厳禁されていた。スタイリッシュで都会派らしい安藤たちに憧れて、大学生や高校生を含めて多くの若い者たちが門を叩いたとされ、最盛期には500人以上もの構成員が在籍していたと言われる。

安藤の名が世間一般にも広く知られるようになったのは58年の「横井英樹襲撃事件」だ。「乗っ取り屋」の東洋郵船社長・横井英樹に融資した資金の返済を、旧華族から依頼された安藤は横井と対峙《たいじ》した。その際、横井は資金の返済を無視して、「きみたちにも、カネを借りて返さなくてもいい方法を教えてやろうか」と高笑いした。激怒した安藤は事務所に戻り、配下の人間にブローニング32口径を渡した。

安藤と別れてから数時間後、横井は安藤の配下に右腕を撃ち抜かれて意識不明の重体に陥った。この事件の首謀者として6年間の社会不在を余儀なくされた安藤は64年に刑務所から出所すると東興業を解散する。その後は、その精悍《せいかん》なマスクを生かして俳優・歌手へと華麗に転身し成功を収めている。

安藤は2015年肺炎のため死去。翌年、青山葬儀所で「お別れの会」が開かれ、俳優の梅宮辰夫や三田佳子、岩城滉一、映画監督の佐藤純彌、降旗康男らが発起人に名を連ねた。戦後の熱き時代を知る黒幕の死は、ひとつの時代の終焉《しゅうえん》であった。

## 黒幕 15

# 万年東一

## 新宿の裏社会を一手に仕切った男

まんねん・とういち。1908〜1985。右翼活動家。山形県生まれ。若い頃はケンカ三昧で右翼活動も開始し社会大衆党首・安部磯雄を配下らに襲撃させ、戦後は用心棒や総会屋としてその名が知られた。

山形県に生まれた万年東一は、父親の仕事の関係で1919年、11歳のときに上京した。思春期になると、とにかくむやみにケンカがしたくてたまらない。

当時、京王線沿線に住んでいた万年は、毎日、線路伝いに歩いて新宿に出ることを日課としていた。多い日には10人ほどの不良と「ストリートマッチ」を繰り返し、そのほとんどに勝利を収めたとされる。次第に、万年という異常にケンカの強い奴《やつ》がいるという噂が、新宿を中心に東京じゅうの不良たちの間に流れ、一気にその存在にスポットが当たるようになった。これが万年の有名なケンカ伝説である。

関東大震災後、新宿、渋谷、銀座などの繁華街には、「愚連隊」と呼ばれる暴力性を前面に押し出し、徒党は組んでいるもののヤクザのように掟《おきて》や規律に縛られない若者たちの集団が現れ始めた。万年も昭和初期、22歳の頃には、名うてのケンカ師たちを子分として引き連れ、愚連隊の頭領としてケンカ三昧《ざんまい》の毎日を繰り返していた。それにより、いつの間にか新宿の街で万年らと張り合おうとする愚連隊は消え去った。その当時の万年はまさしく愚連隊の頂点を極めていたと言えるだろう。

戦後、「東一」から一文字を拝借した「東興業」の社長として都会派愚連隊を率いた安藤昇や、どんな相手でもこぶし一発で倒した伝説のケンカ屋で「愚連隊の帝王」と呼ばれた加納貢ら、万年の周囲にいた愚連隊たちは、万年を「愚連隊の神様」と呼んで、その力を恐れるとともに敬愛していたという。

戦前は右翼活動に力を入れ、38年には社会大衆党・安部磯雄党首を襲撃し解党にまで追い込んだが、戦後になると銀座、新宿の喫茶店「白十字」を拠点に経済アウトローとしての性格を強め、48年の東宝争議や、53年の横井英樹の白木屋乗っ取り事件に関与。60年代以降は問題企業の総会屋対策の切り札としても暗躍した。万年は一滴も酒を飲まず、深夜まで根城にしていた「白十字」の隅の席に陣取っては裏社会の依頼者と面談し、チョコレートパフェやあんみつを美味《うま》そうに食べたという。

80年代に入ると体調を崩したこともあって立ち上がることも難しかったが、それでも新宿に行くと、ソフト帽を粋にかぶり、背筋を伸ばし颯爽《さっそう》として、明るく振る舞っていたという。

黒幕16

# 馬賊王と言われた男 小日向白朗

こひなた・はくろう。1900～1982。池田内閣の情報顧問。新潟県三条市生まれ。中国大陸に渡り中国全土の馬賊王になり、戦後は政治顧問を務めた。本名は健松。中国名は尚旭東。俗名は小白竜。

馬賊王として小説にもなった小日向白朗。中国の馬賊で頭角を現し、日本人でありながら中国の馬賊の王となった人物である。

同時に、戦後は、日中国交のパイプ役になり、中国とアメリカ、アメリカと日本、日本と中国間の工作を担った。

小日向は、17歳のときに、シベリア単騎横断で有名な福島安正中佐にあこがれ、中国、チベットを調査しながら、ドイツを目指そうと中国に渡る。中国では関東軍の坂西利八郎大佐に気に入られ、中国語、射撃などの基本を学んだ。

20歳でモンゴルのウランバートルを目指す旅に出たが、馬賊に襲われて捕虜となる。しかし、その度胸が馬賊に認められ、命と引き換えに馬賊の下働きとなった。元々から持っていた敏捷《びんしょう》性と、関東軍で習った射撃によって、数多くの戦いで頭角を現したのち、馬賊の聖地である千山無量観で道教と武当派の中国拳法などの修行を積み、大長老の葛月潭老師より「尚旭東《しゃんしゅいとん》」の名と銃「小白竜《しょうぱいろん》」を授かった。この瞬間、小日向白朗は中国全土の馬賊の総頭目となった。日本人として最初で最後の馬賊王の誕生であった。小日向の中国での俗名「小白竜」はこのときの銃の名前からとられたものである。

大本教の出口王仁三郎がモンゴル入り後に張作霖に捕らえられたとき、小日向は出口の釈放に奔走し、その後、軍の特務機関で活動していく。馬賊の王であった経歴を生かし、中国の任侠であり裏組織である青幇に潜入し、さまざまな裏情報をつかみ、日本軍に流していた。

戦後は国民党軍に逮捕され、漢奸《かんかん》罪で起訴されるが、日本国籍を有していることが認められ、免訴となる。

その後、池田勇人内閣の情報機関の顧問を務め、その後も、田中内閣のもとでは、日中国交の裏面で活躍した。日中・日米・米中を股にかけ、アメリカへは厚木基地からパスポートなしに飛び立ち、ニクソンやキッシンジャーと交渉した。

そして、その足で中国の蔣介石と面会するなど、日中国交正常化の裏で暗躍したが、82年、東京都新宿区で亡くなっている。

# 黒幕 17 四元義隆

## 権力者を操った歴代総理の「指南役」

よつもと・よしたか。１９０８～２００４。三幸建設工業会長。鹿児島県生まれ。西郷とは遠い親戚関係。東大在学中に井上日召と知り合い血盟団事件に連座し実刑判決。戦後は歴代総理の指南役として暗躍。

１９２８年、東京帝国大学法学部入学後、学生組のリーダーとして、一人一殺を標榜《ひょうぼう》し、当時の政財界指導者を震撼《しんかん》させた怪僧・井上日召《にっしょう》が指揮した「血盟団事件」に参画。重臣だった牧野伸顕の暗殺を請け負ったのだが、使命を果たすことはできなかった。しかし、この事件に連座したことで懲役刑に服す。

出所後、時の首相であった近衛文麿の書生となって学び、鈴木貫太郎の秘書を務めながら終戦を迎えている。戦後は吉田茂に信頼されて、池田勇人、佐藤栄作との親交を結び「保守本流」と言われる政治家を中心に政界に太い人脈を築いた。

利権関係の黒幕のトップは児玉誉士夫、総理の指南役の黒幕は安岡正篤《まさひろ》というのが政界におけるスタンダードだが、四元はこの両者と全くソリが合わなかった。

カネで人を動かそうという発想を四元は持ち合わせていなかった。だから、佐藤栄作の後継である田中角栄とは距離を置いたとされる。

その後、再び福田赳夫、大平正芳、中曽根康弘、竹下登、宮沢喜一、そして93年の細川護熙《もりひろ》まで、およそ60年という長きにわたって四元は何らかの形で政界につながりを持って、各方面に影響を及ぼすという稀有《けう》な存在であった。

特に首相らには首相官邸や公邸、さらには私邸にまで赴いて、政局の節目を迎えるごとにアドバイスを続けたとされる。

かつて突然の退陣を発表し世間を驚かせた細川内閣。細川はその2日前、政財界のパーティーに出席。その場で「退陣」を進言したのがほかならぬ四元であった。また、中曽根康弘が総理大臣時代に「座禅」を組んでいたが、それも四元の勧めであった。中曽根は、決して四元の前では児玉誉士夫の名前を出さなかったという。

「今までの人生で、いろいろな非常時があったが、いまが最も危機だ。ところが、ほとんどの国民が危機を感じていない。最大の国難だ。僕はいま、本当に危機感を持っている」

これは四元が95歳のときの発言である。翌年に亡くなるのだが、最期まで国を憂える国士であった。四元は総理の資質として3つの条件を挙げている。それは「生まれつき人に好かれること」「責任を取りきること」「先が見えること」であった。

黒幕
18

# 岸政権の「外交フィクサー」 矢次一夫

やつぎ・かずお。1899〜1983。右翼活動家。大阪に生まれ、佐賀県で育つ。その後上京し「猶存社」を経て、労働争議の調停機関に身を置く。戦時中、軍と政財界、労働界を結ぶフィクサーとして暗躍。

矢次一夫の青春時代には謎の空白期間が長い。それは、彼のフィクサーとしての人生にある種の奥行きをもたらしているようだ。佐賀県で人夫や放浪生活を送った後、20歳の頃に上京。革命家・北一輝のもとで住み込み生活を送る。その後、1921年に「協調会」に入り、25年に労働事情調査所を創立して『労働週報』を発刊、野田醤油争議、共同印刷争議、日本楽器争議などの大争議の調停にあたる。

ここで労働界と軍部との間に幅広い人脈をつかみ、33年に統制派の幕僚・池田純久少佐と国策の立案に着手した。

第2次世界大戦後、公職追放されたが、講和後の53年に国策研究会を再建。政府の外交フィクサーとして暗躍するようになる。岸政権時代の57年には、個人密使として韓国入り。岸は、3年以上中断していた日韓会談を再開しようと考え、ひそかに矢次に親書を託した。このとき、矢次は李承晩大統領と会談している。

また、韓国で公開された73年の「金大中事件」などに関する外交機密文書によれば、この事件について日本と韓国が事件の捜査を棚上げした「政治決着」に批判が高まった際、矢次が世論を沈静化させるため拘束中の金氏の保釈を駐日韓国大使に打診、大使が拒否していたとされる。当時、韓国中央情報部（ＫＣＩＡ）の金炯旭《キムヒョンウク》元部長が「事件はＫＣＩＡの犯行」と米議会で証言した。

矢次は、その証言が裏付けられる事態になれば、韓国政府機関が金大中事件と無関係であることを前提とした「政治決着」が崩れ「田中内閣の命取りになりかねない」と考え、金大中の保釈で事態は落ち着くと強調した、というものだ。

国粋主義者として活躍した矢次はのちに自著で仕事を回想しているが、それは児玉誉士夫や小佐野賢治らのような「カネ」を軸としたフィクサーではなく、もっぱら人脈と交渉術を武器にしたピンポイント型の仕事を手がけていたことが分かる。

かつて、安藤昇に「男の顔は履歴書である」という言葉を送った評論家の大宅壮一は矢次を「昭和史の怪物」と評論し、「このマスクは彼のこれまでの仕事にまさにうってつけであった。というよりも、こういうマスクをもって生まれてきたところから、彼のような性格、人物、生き方が発生したのかもしれない」と解説している。

黒幕 19

# 三浦義一

## ＧＨＱ内部闘争に食い込んだ「室町将軍」

みうら・ぎいち。1898〜1971。右翼活動家。大分県出身。昭和電工疑獄事件でＧＨＱ内部のＧ2と強力なコネをつくる。事務所の場所を指し「室町天皇」と呼ばれ、吉田内閣の黒幕として暗躍した。

戦後裏面史の重要場面にたびたびその名が登場する三浦義一は、政界への影響力という意味で、児玉誉士夫と比肩する存在と言っていいだろう。三浦は戦前から戦後にかけ、米軍の内部事情に通じながら、日本の政財界を操った男だった。

義一の父・数平は大分市長から衆議院議員となった政治家であり、若くして右翼活動に目覚めた三浦は１９３２年「大亜義盟」を結成。「虎屋事件」「益田孝不敬糾弾事件」「中島知久平狙撃事件」などを起こし、懲役2年の判決を受けている。

だが戦後、公職追放中だった三浦に「昭和電工疑獄事件」という大チャンスがめぐってくる。48年に起こった復興資金をめぐるこの贈収賄事件には、収賄側としてＧＨＱの「民政局」（ＧＳ）のケーディス大佐ら高官の名前が取り沙汰されていた。

だが、その裏にはＧＳのライバルで「情報部」（Ｇ２）のウィロビー少将がいた。つまり事件は、占領政策をめぐるＧＨＱの内部対立だった。三浦はそこに目ざとく食い込んだ。GSをつぶすための情報をG2に送り続け、スキャンダルを公にした結果、ケーディスを失脚させ、GHQとの深いコネクションをつかみ取る。日本橋室町に自身が主宰する「国策社」の事務所を構えた三浦は、GHQを後ろ盾にフィクサーとして暗躍し、「室町将軍」と呼ばれるようになった。

ウィロビーやマッカーサー、吉田茂から日銀総裁・一万田尚登《ひさと》まで、当時の中枢にいた大物たちは問題が持ち上がるたびに、この室町の事務所に足を運んだ。

三浦はGHQと自民党幹部、三井グループをはじめとする財界との橋渡し役であり、佐藤栄作を首相に押し上げた立役者とも言われている。佐藤から政界入りの相談を受けた際には、その首元に日本刀の刃先を突き付け、顔面蒼白となった佐藤に「いまの恐怖を忘れないように」と諭したという話はあまりにも有名だ。

三浦にはあの「下山事件」に関与したのではないかという説もいまだ根強くある。

戦後の混乱期、国鉄総裁だった下山定則が謎の轢死《れきし》体で見つかった未解決事件では、自殺か他殺かをめぐっていまも議論されているが、有力な他殺説に「GHQ陰謀説」がある。真相は明らかにされていないが、少なくとも言えるのは、GHQ内部と深く通じていた当時の三浦の影響力は計り知れないものがあったということだ。

黒幕 20

# 西山廣喜

## 大企業が畏怖した大物総会屋

にしやま・こうき。1923～2005。右翼活動家。宮崎県生まれ。戦後、「昭和維新連盟」を結成して初代会長に就任。政財界のパイプ役を果たす。総会屋としての絶大な威光は晩年まで続いた。

人呼んで「最後の黒幕」、戦後の乱世から2000年代まで唯一生き抜いた右翼・総会屋の大物が西山廣喜である。三浦義一や児玉誉士夫の後継者として日比谷の富国生命ビルに「日本政治文化研究所」を構え、「フコクの先生」と呼べば、その世界で西山を指していた。名だたる大企業の総務部幹部が面会に訪れ、巨額の会費を収めていた。まさに株式会社ニッポンの「用心棒」だった。

西山の師匠にあたるのが、「室町将軍」三浦義一である。

西山は地元である社会党宮崎県本部の青年部部長を務めた後、社会党本部役員となり上京。だが、そこで三浦と出会い、一転して右翼運動に飛び込む。1961年に右翼団体「昭和維新同盟」を設立し、政財界から暴力団まで、太いコネクションを築いていく。

「西山先生に頼むと公共入札での落札率が跳ね上がる」。児玉はロッキード事件に見られるように、経済行為の当事者として金を稼いだのに対し、西山は「トラブル処理」「顧問料」といった守護神型だったところに特徴がある。大企業幹部がこぞって「フコク詣で」する守護神の神力は、児島・三浦らの死後も続いた。

82年の中曽根内閣成立の影でも暗躍し、地元宮崎県の「シーガイア」建設に際しては、第一勧銀から1000億円の融資を引き出したと言われている。

97年には第一勧銀と四大証券の総会屋事件が発覚。西山は事件の黒幕とされた。だが、続く2002年、西山が理事長を務める日本政治文化研究所に、新日鐵やNTTなどの大手企業が巨額の会費を納めていることが報道され、これを期に日比谷の事務所を閉鎖した。

しかし、西山はその後も池袋のビルの一室に事務所を持ち、壁一面に張られたトラの毛皮に囲まれながら、来客に対応し、こんなことを語っていたという。

「私は金を天禄と呼んでね。天下の回りものとはよく言ったものだな」

西山は社会党時代、「部落解放の父」と言われた松本治一郎に師事し、松本の養子である松本英一と義兄弟の契りを結んで松本家の一員となっている。戦後の右翼には左翼からの転向者が多かったが60年代を過ぎて転向したのは西山ぐらいだろう。

# 黒幕 21 石井隆匡
## 「皇民党事件」で名を馳せた二代目

いしい・たかまさ。1924〜1991。二代目稲川会会長。神奈川県横須賀市生まれ。本名・石井進。敗戦後、横須賀の石塚一家の若衆となる。その後、稲川会の構成員。巽産業を設立。経済ヤクザの嚆矢（こうし）となった。

およそヤクザのドンらしからぬ、どこか温和な風貌の石井進・二代目稲川会会長。資金力を武器とした経済ヤクザの草分け。酒を飲まず、神社仏閣巡りを楽しみ、家庭を愛したというその生き方が「顔」にも反映されているのだろうか。関東最大の勢力を誇る稲川会。石井は初代会長・稲川聖城の後を継ぐ二代目会長として、1985年からの5年間、バブル期の裏帝王として君臨した。

85年には神戸で開催されるユニバーシアード大会を成功させるため、勃発中だった山口組と一和会の抗争を一声で一時休戦させるなどその「神通力」は絶大だった。

86年に始まった右翼団体・皇民党による「ほめ殺し事件」。「日本一金もうけのうまい竹下さんを総理大臣に!」。10カ月も続いたこの街宣活動によって竹下は円形脱毛症になるほど疲弊した。この「ほめ殺し」は田中派を裏切り、経世会を立ち上げた竹下に対する田中角栄の制裁と解釈されていたが、それだけではない、竹下の重大な「闇」の部分があったはずだと証言する関係者も多い。

皇民党・稲本虎翁総裁（故人）を説得しようと複数の自民党大物議員が動いたが、ことごとく失敗に終わっていた。最後に竹下がすがったのは石井だった。

東京佐川急便・渡辺広康社長を介し街宣の中止工作を依頼。87年10月2日、赤坂プリンスホテルで稲本総裁に面会した石井は「竹下を目白に行かせ、詫《わ》びさせる」と約束。実際に竹下は、その2日後に田中角栄邸を訪問し、衆人環視のなか門前払いという屈辱を受ける。この石井の「命がけの説得」により、誰も止められなかった「ほめ殺し」がプッツリと止まった。

裏社会を知る住人たちにとって、この衝撃は計り知れなかった。

のちに金丸信は衆議院による病床での臨床尋問でこう答えている。「いちばん世話になったのは（石井会長が）ほめ殺しをやめさせてくれたことだ」

竹下内閣誕生に、いかに石井の力が大きかったかを明確に示す言葉だった。

左目に眼帯を巻いた金丸はこうも語った。「（石井会長を）上座に座らせようと思ったが、上座に座るくらいなら帰ると言った。律義な男だ」。事件解決に対する謝礼の宴席でのエピソードである。91年9月、石井は脳梗塞のため死去した。

黒幕22

# 宅見勝

## 凶弾に散った山口組大幹部

たくみ・まさる。1936〜1997。山口組若頭。兵庫県神戸市生まれ。77年、山口組組長田岡一雄の若衆となる。抜きんでた集金力と行動力で頭角を現す。89年に若頭就任。人事を握り山口組ナンバー2に。

宅見勝は高校を中退し、大阪で渡世入りした後の1963年、三代目山口組の直系組長である福井英夫が率いる福井組に入った。そこでメキメキと頭角を現し70年には同組若頭へと昇格。頭脳明晰で情報収集力があって優れたシノギの手腕が、当時の三代目山口組若頭の山本健一の耳にも入り、親交を持つようになったという。

そして、77年に山健の強力な推薦もあって山口組の直系組長へと昇格。田岡一雄三代目組長から親子盃《さかずき》をもらうことになる。頭がキレてケンカもできる宅見は山健の死後も出世を続け、竹中四代目体制では若頭補佐を任されていたが、「山一抗争」の終結近くになると、早くも渡辺芳則五代目組長の誕生に奔走していた。

渡辺は山健の後継者として山健組の二代目組長を継承しており、宅見のこの動きには、自分を山口組直参に取り立ててくれた山健に対する恩返しの意味が多分に込められていた。また一方で、自分が組長へと押し上げた渡辺をコントロールすれば、

山口組を思い通りに動かせるとの狙いも隠されていたようだ。

89年、宅見の計画通り渡辺五代目体制が始動する。その後、それまでも好調だった宅見のシノギは爆発的に増大する。91年、宅見組系企業が関与し50億円以上もの利益を上げたとされる「クラボウ株買い占め事件」、あるいは、3000億円ものカネが裏社会へ流入し、現在でもその行方が分からない戦後最大の経済事件「イトマン事件」。これらの事件においては、いずれも宅見が裏で暗躍していたとされる。

97年8月28日、宅見は新神戸オリエンタルホテルのラウンジで中野会系ヒットマンに狙撃され壮絶な死を遂げる。前年、中野会会長の中野太郎が京都の四代目会津小鉄の組員から銃撃された事件を、中野の承諾なしに宅見が手打ちしたことで、中野会のメンツがつぶされたことに対する報復だった。

一説には持病の肝硬変が悪化し、若頭のポストを退こうとしていた矢先だったという。生前、宅見は知人に「ヤクザのように命が常に天秤《てんびん》に掛かっている人生はほかにない」と、うれしそうに語っていたという。数千億円もの財産を築いたと噂される経済人としての顔が有名だった宅見だが、最期は一人のヤクザとして命を散らすことになった。

黒幕 23

## 史上最強の武闘派組織のドン

# 後藤忠政

ごとう・ただまさ。１９４２〜。後藤組組長。東京市荏原区（現・品川区）生まれ。本名・忠正。武闘派と恐れられ、映画監督・伊丹十三襲撃事件では組員が逮捕。経済力でも群を抜き、日本航空の個人株主として名前が登場。

ケンカが強く資金力があるヤクザ組織として、全国屈指の「人材」がそろっていた山口組のなかでも最強の武闘派軍団として恐れられたのが、静岡に揺るぎない地盤を構築していた後藤忠政（本名・忠正）組長が率いる後藤組だった。

後藤組が持つ凶暴性の一端が公になった事件の一つとして、１９６０年代から70年代にかけて公明党にまつわる一連の事件がある。

70年代に創価学会が日蓮正宗の総本山大石寺のある静岡県富士見市で、大規模な墓苑開発を計画したところ大規模な反対運動が巻き起こった。そこで学会側は地元の後藤組に鎮圧を依頼した。後藤組は反対運動をしていた活動家を日本刀で斬るという極めて荒っぽい手法でこれを鎮圧したとされる。

後藤は85年、竹中正久四代目山口組組長が一和会系ヒットマンに射殺されたことで本格化した「山一抗争」でも果敢な戦いを繰り返し、また渡辺芳則五代目山口組組長の時代には東京進出の先兵役として勢力の拡大に命を張った。92年には映画『ミンボーの女』をめぐり、伊丹十三監督を襲撃したとして構成員が逮捕される。その後、オウム真理教事件や格闘技「PRIDE」消滅問題など、「カネのニオイがするところに後藤組あり」とその名は一般層にも広く認知されるようになった。

2001年、肝臓の機能が悪化した後藤は、アメリカで肝臓移植を受けさせてもらう代わりに、連邦捜査局（FBI）に山口組の内部情報を教えると約束、弘道会の幹部らのリストや山口組の米国でのご用達の金融機関などを教えたとされる。

03年頃に米国の捜査当局は、その後藤からの情報をもとに、五菱会（現・六代目清水一家）の実質ナンバー2だった梶山進の資金200万ドルを発見し警察庁に連絡したという。

08年、後藤は誕生日に大物演歌歌手を呼んでゴルフコンペを開いた。そのことが報じられるとNHKは歌手らの出演を見合わせた。この事態を重く見た山口組執行部は病気を理由に、定例会を休んだにもかかわらずコンペを開いたとして後藤に除籍処分を下した。後藤はヤクザを引退して翌年に僧籍を取得。名を忠叡と改めた。

その後、自叙伝『憚りながら』を出版し大ベストセラーにもなっている。

## 黒幕 24
# 梶山 進
## 山口組を支えた「ヤミ金の帝王」

かじやま・すすむ。1949～。「五菱会」幹部。静岡県生まれ。稲川会系組織に所属していた当時、金融業のノウハウを学ぶ。その後、構成員ではないが五菱会（当時）の実質的なナンバー2として活躍。

金融業、もっと簡単に言えば高利貸しという仕事は、ヤクザの伝統的なシノギであった。しかし、その大半は借金を頼みに来た客らに対し異常な高利で貸し出し、期日が来れば暴力的な取り立てで回収するという方法だった。

この手口だと、次第に客は取り立てを恐れ、また膨らみ続ける借金から逃れるために警察や弁護士に助けを求めたり、もしくは自殺や一家無理心中といった道を選択してしまうこともあった。その結果、貸し手側には借金を回収できないまま逮捕されるなどのリスクが常に付いて回っていた。ところが２０００年頃から、まったく新しい非合法の貸金システムが広まり始める。それが「システム金融」だ。

まず、全国の多重債務者リストを基にダイレクトメールなどで無担保融資の勧誘を実行。その後、融資を申し込んできた客の銀行口座に現金を振り込み、返済のときも口座に振り込ませるだけで客と顔を合わせることは一切なかった。これにより、過去の強引な取り立てに怯《おび》えてきた多重債務者は、最初の業者への返済に困った場合、紹介された次の業者から借りて返済することを覚えた。そして貸し手側も客に逃げられることが激減するようになったため一気に定着していった。

この貸金システムの創始者で「ヤミ金の帝王」と呼ばれたのが梶山進である。

梶山は山口組の直系組織・五菱会（当時、現・六代目清水一家）の高木康男会長とは幼なじみだった。1歳年下で、同じ静岡県内の小学校、中学校を卒業し、別の組織で渡世入りした後にそろって五菱会の前身である美尾組に移った。その後、高木会長は美尾組内で組織を立ち上げ、梶山はそこで副組長を務めていたという。

美尾組の美尾尚利組長が引退し、五菱会と名を変えて高木会長がトップに座ると同時に組織からは抜けている。2003年に逮捕されるまで、梶山は一説に2000億円を集めたとされるが正確な金額は判明していない。逮捕時、スイスの銀行には51億円が預けられていたが、それも全体の一部に過ぎないとされる。

ヤミ金の実行部隊は上層部の仕組みをまったく知らされておらず、就職情報誌を見て応募してきた若い男女もいた。ノルマを課して競わせ、社員旅行など福利厚生も充実し、警察による摘発の対応マニュアルまで用意していたという。

黒幕 25

# 木島力也

## 企業が恐れた月刊誌『現代の眼』

きじま・りきや。1926〜1993。現代評論社社長。新潟県生まれ。本名・鬼島力也。政治家を志して上京後、60年代から本格的な総会屋活動を開始。京橋に現代評論社を設立、月刊誌『現代の眼』を発行。

総会屋とは、企業の株を所有する株主として株主総会に出席して、経営陣の手法やミスを追及したり、または他の総会屋の動きを牽制することで、企業からさまざまな形で利益を得る者たちを指す。

しかし、木島力也は総会屋の範疇《はんちゅう》をはるかに超える存在だった。

確かに、経営陣上層部に深く入り込んだ第一勧業銀行（現・みずほ銀行）の株式を、ピーク時でおよそ6万株も持ち、他の企業の株も相当数を保持してはいた。

しかし、だからといって木島は総会に出席し、企業に圧力をかけることはなかった。そういった露骨な方法を使わなくとも、企業を揺さぶることは、たやすいことだったからだ。その存在感は、まさにフィクサーそのものだった。

それでも木島からは、右翼やヤクザといった、いわゆる裏社会に生きる人間が持つ独特の雰囲気はまったく感じられなかったという。戦後最大の黒幕とも称された児玉誉士夫とも親交を持っていた総会屋の西山廣喜は「とにかく、つかみどころのない男。まるで『鵺《ぬえ》』のようだ」と表現した。鵺とは、サルの顔、胴はタヌキ、手足はトラとされる伝説上の魔物。それほどまでに得体の知れない人物であった。

木島は1955年頃、政治家を目指して新潟から上京。当時、大物総会屋だった谷口勝一が主宰していた「谷口経済研究所」に入り、財界で暗躍する谷口の手法を学んだ。そして、西山も認める「いわゆる爺殺し、人の懐の奥深くに食い込む天才」という能力をフルに発揮し、黒幕の戦後第一世代である児玉誉士夫を「オヤジ」、小佐野賢治を「会長」と親しく呼んで取り入った。以降、自分は児玉の後継者であると、あらゆる場所でアピールし、「第二世代の黒幕」の立場を強調して回ったのだ。60年頃、谷口から独立し月刊誌『現代の眼』を発行。雑誌が世間的に認知されるようになると、かねて政治家になる夢を実現させようと動いた。

だが、当時の自民党幹事長で同郷の田中角栄に出馬を阻止されたことで、田中を憎み始めるようになった。さすがの爺殺しも剛腕・田中には通用しなかったのか。ただし、木島は転んでもただでは起きない。「田中と真っ向からケンカした男」との噂を、その後の活動で利用したのである。その木島は93年に他界した。

黒幕 26

# 芳賀龍臥

## 西武をつぶした名うての総会屋

はが・りゅうが。1929〜2004。総会屋。福島県生まれ。株券を担保にした「証券金融」で高利を得ていたため「パクリ屋」「黒ヤギ」と呼ばれていた。1960年代から総会屋として名を知られるようになる。

経済小説で知られる作家・清水一行の『虚業集団』という作品のモデルとなったのが、大物総会屋・芳賀龍臥である。芳賀はこの小説を、総会屋活動に利用していたとも言われている。「小説にもなった大物総会屋」というブランドイメージを見せつけ、企業の首を縦に振らせる方向にもっていったというわけである。

1982年の商法改正で先行きが厳しくなった総会屋だったが、芳賀は多様な抜け道を編み出していった。

2004年、芳賀が西武グループに利益供与をさせたのも、新しい手口だと指摘された。それは次のようなものだった。西武の持っている土地を欲しがっている不動産屋がいた。その不動産屋に西武を仲介したのが芳賀だった。

芳賀は、土地を相場価格より安く、西武に売らせた。そして、安くなった金額のいくらかを、芳賀の利益として不動産屋にキックバックさせたというわけだ。

この事件で罪に問われた西武側の被告の裁判で、検察はこう指摘している。「不動産取引を装った利益供与という新しい形の違法行為である」。芳賀サイドに提供された利益の総額は2億円近くになるとされた。

芳賀は、株主総会に顔を出さない総会屋と言われた。株主総会で大声を出すより、正当な商行為を装うシステムを考えたほうが賢い。芳賀は時代に合わせてスタイルを変化させる柔軟な思考を持っていた。多くの総会屋の例に漏れず、芳賀は青年期から、逮捕歴が数多い。詐欺・公文書偽造・商法違反……。1997年には松坂屋から総会屋対策として数十万円の商品券を受け取った容疑で逮捕されている。

三国志の諸葛孔明は、世に出る前に「臥龍」と呼ばれて村民から尊敬されていた。臥龍とは「優れた能力をもちながら世間に知られないでいる大人物」という意味。芳賀の名は反対の「龍臥」――名前がまずかったのかもしれない。

総会屋対策で多くの逮捕者を出した西武は、その後、トップの堤義明までも逮捕される結果となった。こちらは有価証券報告書の虚偽記載およびインサイダー取引という証券取引法違反だった。結果的に「西武」の天皇とも呼ばれた堤義明が転落していく端緒には、芳賀という大物総会屋の存在があったわけである。

黒幕
27

## 広島総会屋グループの首領
# 小川 薫

おがわ・かおる。1937〜2009。総会屋。広島市生まれ。60年代半ばから株主総会で顔を売り、70年代には「大物総会屋」と呼ばれるようになった。「ピンク・レディー」の事務所オーナーとなったこともある。

小川薫は「総会屋」という言葉の定義に関して、一家言持っている。

自分が「総会屋」の代表的な存在だと世間に認知されていることは認めつつも、「エセ総会屋」とは一緒にしてほしくないと主張する。「脅しやすかしで企業に取り入って、裏金を引き出すのは総会屋でもなんでもない。それは強請屋《きょうせいや》、たかり屋、取り屋つまりエセ総会屋に過ぎない」（小川薫著『実録総会屋』ぴいぷる社）。

株主総会という「現場」を重んじる小川は、１９７１年、乱闘事件の当事者にもなっている。それは王子製紙の株主総会での出来事だった。小川一派と他の総会屋グループとの間で、ささいなことから乱闘になり、この一件は大きく報道された。

広島県出身の小川は同郷の仲間とともに一大軍団をつくり上げ、また人気絶頂のピンク・レディーの事実上のオーナーとして君臨するなど、芸能界にも広く人脈を持った。82年に商法が改正され、総会屋への利益供与が禁じられた。だが、商法改正後、総会屋が排除されて良かったという世間の空気に、小川はこう反論している。
「総会屋が健在だった時代では、こんな経営者（日経新聞の鶴田卓彦社長＝当時。愛人による公私混同スキャンダルを起こした）はたちまち糾弾されていたものだ。（中略）総会屋がいなくなっても、トップのなかには、権勢を嵩《かさ》に着て、会社を食い物にする輩《やから》はなくならない。むしろ増えているかもしれない。それを知るたびに、私のなかの総会屋魂が目を醒まして、動きはじめてしまう」（前掲書）
そんな小川ゆえ、警察にマークされ、総会シーズンに毎年のように逮捕されている。2003年には実刑判決を受け3年間服役した。小川は晩年まで脅迫事件の被告になっている。08年10月30日、事件の裁判が東京地裁で開かれ、小川に懲役10月の実刑判決が下された。この裁判では、小川が広島県の不動産会社「アーバンコーポレイション」へ送った一通の手紙が脅迫にあたるかどうかが争われた。
その手紙には「アーバンコーポレイション」と暴力団関係者との関係が指摘されていた。これに関して小川は「株主としての質問であり、脅迫にはあたらない」と無罪を主張していたが、裁判所は認めなかった。09年、小川は東京拘置所内で無念の死を遂げた。最後の総会屋と呼ばれた男の死とともに、ひとつの時代が終焉《しゅうえん》した。

黒幕 28

# 正木龍樹

## 企業を震え上がらせた「論談」の創立者

まさき・たつき。1941〜2016。論談同友会会長。山口県岩国市生まれ。18歳の頃、凶悪犯ばかり収容される特別少年院に入所。66年上京。日本最大の総会屋グループとなる「論談同友会」を設立。

広島出身の大物総会屋・小川薫が東京で活躍して名前が広まると、広島から小川を頼るようにして上京する者が一気に増えた。そして、小川の下でグループを形成し、さらに活発に活動するようになった。そうした広島出身者で構成された総会屋集団を、大企業の関係者は「広島グループ」と呼んで恐れたという。

１９６６年、正木龍樹はヤクザの修羅場を経験したのち上京。そして、同郷の仲間らとともに総会屋グループを形成する。それが「論談同友会」（論談）である。

正木は小川を先輩として尊敬していたが行動をともにすることはなく、逆に小川や、その周囲にいる総会屋らを反面教師としていた。小川のグループは離合集散が激しく、チームとしてまとまりに欠けていたため、正木は76年に西新宿にマンションを建築し、論談のメンバーらを住まわせ、メンバーの管理と結束を徹底させたのである。それにより論談は日本最大にして最強の総会屋集団へと成長を遂げていく。

増長し過ぎた総会屋を取り締まるため、82年に商法が改正され、多くの総会屋らは大打撃を受けたが論談は意気軒高であった。岡田茂社長が率いる三越百貨店を標的にして、岡田の愛人で「女帝」と呼ばれた竹久みちの三越とのゆがんだ取引関係を暴いた。その後、岡田は社長の座を追われることとなった。

さらには海外の企業にも触手を伸ばし、論談のメンバーらは手分けして、海外の総会に姿を現し業界中を驚かせた。ヨーロッパ、アメリカを中心に15年間で70以上の企業の総会に出席し、延べ180人の論談メンバーが発言したのである。その様子は海外の新聞でも取り上げられ、米国の新聞「ウォール・ストリート・ジャーナル」では「ソーカイヤがやってくる」との大見出しで報じたという。

しかし、そうした派手な活躍が裏目となったのか、論談のメンバーらは狙い打ちされ、野村證券、住友海上火災、味の素などの企業からの「利益供与罪」で次々に逮捕されるに至った。

インターネットをいち早く取り入れるなど、革新的な手法を編み出した論談同友会。ソフトバンクの不祥事を暴いた際には、「ヤフー検索」で論談サイトが表示されないなどの対抗措置を受けた。その正木も2016年に死去している。

黒幕29

# 五味 武

## ブラックジャーナリズムの帝王

ごみ・たけし。1926~2008。『国会タイムズ』会長。福島県喜多方町生まれ。本名は五十嵐武。映画業界紙記者などを経て『国会タイムズ』発刊。告発記事をベースとする編集方針で永田町から恐れられる。

情報と人脈のみを駆使して政財界人らと真っ向から対峙《たいじ》したのが「ブラックジャーナリスト」こと五味武である。そのスキャンダルを暴く嗅覚の鋭さで、首相をはじめ有力国会議員や大企業のトップらが餌食となってきた。

日本を代表する月刊誌『文藝春秋』1974年11月号で、評論家の立花隆氏が「田中角栄研究——その金脈と人脈」を発表。

これにより田中首相にまつわる黒いカネの流れが世間に広く暴露され、田中首相は退陣に追い込まれることになった。しかし、このレポートが発表される2年前、すでに五味は田中首相の知られざる裏の顔をつかんでいた。

五味が主幹を務める政界情報のミニコミ紙『国会タイムズ』で、大々的に特集を組んで発表。ところが、当時の田中内閣への支持率は62%もあったため、ミニコミ紙が発した小さな声はかき消されてしまったのである。ただし、立花レポートには

『国会タイムズ』が指摘した事実のほぼすべてが掲載されていたという。

　また、同じ頃、五味は三越百貨店の岡田茂社長と、「三越の女帝」こと竹久みちとのスキャンダルも追及している。三越の内部告発者たちの協力を得ながら、岡田らの所業を調べて発表しようとした。ところが、直前になって、のちに首相となる福田赳夫や任俠右翼のトップが発行を差し止めるよう動いてきた。そのときは一度、思いとどまったものの5年後、竹久の私邸でお手伝いをしていた女性から、岡田や竹久、岡田の側近、出入り業者らの言動を詳細に記録していた日記を入手。そこから、再び岡田らへの猛攻撃を開始した。そして、ついに82年、岡田は社長を解任されるに至った。その際に発したとされる「なぜだ⁉」は流行語にもなった。

　さらに五味は、誰もが恐れて避けるような右翼の超大物である笹川良一にも足かけ14年にわたって容赦なく嚙《か》み付き、のちに「リクルート事件」でやり玉に挙げられる江副浩正社長についても2年前から標的にしている。

　人から「ブラック」と揶揄《やゆ》されても、むしろ開き直り、自ら「ブラックの帝王」と名乗った五味の反骨精神は、権力のみならず大メディアにも向けられていた。大いなる存在感を保持していたが、その五味も2008年に死去している。

黒幕30

# 小池隆一

## 金融機関を狙い撃ちした総会屋

こいけ・りゅういち。1943～。総会屋。新潟県生まれ。70年頃から小川薫のもとで総会屋活動を開始。乱闘騒ぎで事情聴取されながらも黙秘を貫いたことから、その「才能」を見込まれた。

1997年、戦後の金融史上、最大規模の140億円を超える「不正利益供与事件」が発覚。供与した側の企業からの逮捕者は、第一勧業銀行をはじめ、野村證券、大和証券、山一證券、日興證券の4大証券会社など合わせて30人以上を数えた。だが、受け取った側は小池隆一、ただ一人だった。つまり、たった一人の総会屋に、名だたる金融機関が操られていたのである。

68年頃、25歳で新潟から上京した小池は、当時、すでに青年総会屋として業界で名前を轟《とどろ》かせていた小川薫の率いる小川企業で働き始める。

小川が広島出身であったことから、部下にも広島出身者が多く、夕方になれば広島料理屋に繰り出すのが日課となっていたが、小池は酒を飲まず、もっぱら企業分析や体力づくりに勤《いそ》しんでいた。小柄で真面目そうな風貌の小池が見せる、そうした姿は陰で同僚から「ネクラ」と揶揄《やゆ》されることもあった。

しかし、誰よりも優れていたのは調査能力と舌鋒《ぜっぽう》の鋭さ。とりわけ弁舌は、やたらにまくし立てるのではなく、地道な調査により相手の家族構成や経済状況から浮かび上がった事実を片っ端から積み上げていく。そして、思い通りに事が進めば、そこからは沈黙を守るというスタイルを貫いた。

また、バクチ好きだった小川は賭け金がなくなるたびに小池から借りたため、部下でありながら小池の台頭を強く抑えることができなくなったという。

次第に総会屋の仲間内では、「小川企業に生きのいい奴《やつ》がいる」との噂が立ち始める。それを聞き付けたのが木島力也だった。すぐに両者は師弟の間柄となり、木島にとっては自分の庭に等しい第一勧業銀行を小池に託し、巨額利益供与事件が発覚する4年前の93年に木島はひっそりと亡くなっている。

小池は99年に懲役9月、追徴金約7億円の判決を受けて服役。第一勧業銀行の宮崎元会長の自殺を獄中で知った彼は号泣したという。出所後、夫人の故郷に移住し経済の表舞台から姿を消した。その後、メディアの取材に小池はこう話している。

「利益供与事件は、時代が大きく変わる節目になってしまいました。私は、その責めを受ける役目だったのだと思う。でも最近の経営者のモラルは昔より酷《ひど》いですよ」

黒幕 31

# 赤尾 敏

## 辻説法に生きた91年の生涯

あかお・びん。1899〜1990。大日本愛国党総裁。名古屋市生まれ。20代前半で社会主義運動から転向し、建国会に活動の場を移す。戦後、「大日本愛国党」を創設。「右翼」の代名詞的存在となる。

「自民党は腐っとる！　中曽根は与太者だっ！　竹下なんか糞《くそ》バカ野郎だっ！」

91歳での死の直前まで、銀座・数寄屋橋の街頭で、あの激烈な辻説法を行っていた赤尾敏。

街宣車には日の丸と並んで星条旗とユニオンジャックが翻り、「国賊社会党・共産党撲滅」「神武天皇建國の精神に還れ」とスローガンが書かれた幟《のぼり》が立てられる光景は、この地の名物であった。

この辻説法や選挙のたびに政権演説で過激な主張をヒステリックにまくしたてる赤尾は、「異形の人」として人々の目には映っており、名物キャラクターとして一般人にも高い知名度を誇った。

しかし同時に、昭和世代の日本人には「右翼テロ＝赤尾敏・愛国党」というイメージも確実にある。

1960年の「社会党委員長・浅沼稲次郎刺殺事件」と、61年の「嶋中事件」。あるいは75年の「三木武夫殴打事件」を含めていいのかもしれないが、これら世間に強烈なインパクトを与えたテロ事件は、すべて赤尾の愛国党党員や出身者が引き起こした事件である。

野党第一党の党首が殺された「浅沼事件」は、あまりにも有名である。

当時17歳の山口二矢《おとや》は世間の気風が共産主義・社会主義革命の方向へ動いていることに危機感を感じ、社会党のリーダーである浅沼委員長を演壇上で刺殺。少年鑑別所内で自決した。

同じく17歳の小森一孝は、深沢七郎の小説『風流夢譚』の内容が天皇家に対して不敬であるとして、中央公論社の嶋中鵬二社長宅に乗りこんだが、社長は不在、代わりにお手伝いさんを刃物で殺害し、夫人にも重傷を負わせた。

これらのテロ事件が世間に与えた影響は大きく、実行犯の背後にいると疑われた赤尾と愛国党の存在に注目が集まった。

警視庁は殺人教唆、殺人未遂の教唆などで赤尾を逮捕。しかし、証拠不十分で不起訴になり、それぞれの少年による単独犯行であるという判決が下された。

もっとも愛国党の本部聖堂に、山口二矢のデスマスクが飾られていたこともよく知られている。

赤尾は党員時代の山口を「坊や」と呼んで可愛がっており、事件後に赤尾が「坊やがよくやったもんだ、偉いもんだ」と発言した記録も残されている。

赤尾は、90歳を過ぎても国政選挙に出馬するなど意気軒昂《けんこう》であったが、昭和の終《しゅう》焉《えん》とともにひっそりと他界している。

# 第三章

# キングメーカー

黒幕
32

# 内田良平
## 欧米列強も恐れた「ブラック・ドラゴン」

うちだ・りょうへい。１８７４〜１９３７。黒龍会主宰。福岡県生まれ。玄洋社の頭山満と知り合い、朝鮮革命の東学党支援のため朝鮮に渡る。１９０１年、大アジア主義と天皇主義を掲げる「黒龍会」を結成。

内田良平は旧福岡藩士で武芸の達人として知られた内田良五郎の三男として福岡県に生まれた。18歳のときに、父親の弟である平岡浩太郎に従い上京、講道館に入門して柔道を学んだ。この平岡は頭山満が主宰した玄洋社の三傑と言われた人物である。

その後、ロシア語を学び、シベリア横断を試みる。さらに、24歳のときに、宮崎滔天《とうてん》を通じて孫文と知り合うことになる。この後、内田は孫文と李鴻章提携を斡旋《あっせん》し、革命義勇軍を組織して、孫文の革命運動を支援した。

１９０１年、内田が27歳のときに「黒龍会」を組織する。この黒龍会をイギリス人が「ブラック・ドラゴン」と名付けたが、内田にとっては、まったくいかめしい意味はなかった。

内田は中ソ国境を流れる黒龍川の岸辺に咲き誇る草花を見て、「アジアの理想は、この黒龍川の平和でのどかな光景にあり、このような平和なアジアを守るため、各国が協力して欧米列強の侵略に抵抗しなければならない」と思ったところから、「黒龍会」と命名した。欧米列強からアジアを守る、そのためにアジア各国が連携する必要がある。この大アジア主義が内田良平の目指したところであった。だからこそ、欧米各国は内田を恐れ、「ブラック・ドラゴン」と名付けた。

さらに内田は、その理想を実現するために奔走した。04年の日露戦争は積極的に推進したが、一方、10年の日韓併合が行われると政府の対韓政策を批判した。日本は欧米の侵略行為には徹底的に戦うべきであるが、日本と韓国は対等の連邦国家を建設することが大切で、日本は韓国を従属させるべきでないとの考え方からだった。

孫文の革命組織、中国革命同盟会の設立も支援。結成準備会は内田の自宅で行われた。さらに、インド独立運動の父を呼ばれるラース・ビハーリー・ボースやフィリピンの独立運動の指導者エミリオ・アギナルドの活動を保護したり、援助したりした。

戦後、日本が敗戦し、GHQの占領が始まると、黒龍会は「最も危険な国家主義団体」として解散させられた。しかし、内田は開戦前の37年に亡くなっている。

黒幕 33

# 井上日召

## 「一人一殺」テロリスト集団の黒幕

いのうえ・にっしょう。1886〜1967。血盟団創設者。群馬県生まれ。本名：井上昭。中国大陸放浪後帰国し日蓮宗に帰依。国家主義に傾倒し、茨城の立正護国堂に招かれ農村青年らを指導し血盟団を結成。

群馬の開業医の三男として生まれた井上日召。早稲田大学・東洋協会専門学校（現・拓殖大学）を中退した後は、満州に渡って南満州鉄道に入社。そこで諜報活動を行った。一方、中国革命活動にも参加している。1919年、兄が航空機事故で殉職すると、本土に帰国。しかし、戻った日本は社会主義の増加や左翼の暴虐が蔓延《はびこ》っており、井上は大きな失望を味わうことになる。さらに、自らの病気もあり、病気平癒の気持ちもあって、日蓮宗にのめり込むようになった。

その後、元老院議員で警視総長も務めた田中光顕の秘書であった高井徳次郎と護国聖社を創設し、日蓮宗の道場をつくろうとするが失敗。しかし、田中の尽力もあり、茨城県大洗町に立正護国堂が建てられ、日蓮宗の道場が実現した。

井上を世間に知らしめたのが、血盟団事件である。この血盟団事件の首謀者たちが集まってきたのが、この立正護国堂の道場であった。井上は住職として、ここで日蓮宗の加持祈禱《きとう》を行いながら、農村青年を中心に国家改造の必要性を訴えた。

その後、海軍の過激派藤井斉《ひとし》中尉や五・一五事件の首謀者の一人、愛郷塾の塾長橘孝三郎と知り合い、政府を改造するにはテロしかないと確信するに至る。

そして、起きたのが血盟団事件であった。32年2月9日、前大蔵大臣の井上準之助が演説会場に向かうなか、小沼正によって銃殺される。さらに、3月5日、三井財閥の総裁ともいえる団琢磨が三井本館の玄関で菱沼五郎のよって射殺されたのだ。

この小沼正も菱沼五郎も井上の薫陶を受けた血盟団のメンバーだった。

そして、井上の影響を受けた橘孝三郎の愛郷塾の一派が海軍青年将校や陸軍士官学校の生徒とともに起こしたのが五・一五事件である。ここでは、内閣総理大臣の犬養毅を暗殺した。井上のテロリズムの考えは「一人一殺」と言われるが、本来は一人を殺すことによって、多くの民を救おうとする「一殺多生」であった。しかし、実際はそうなることはなかった。

井上は血盟団事件を受けて無期懲役の刑を受けるが特赦によって出獄。その後は、近衛文麿邸に用心棒兼相談役として寄宿する。戦後は公職追放の身となり、農村青年に講演をし右翼団体「護国団」を結成するが、影響力はほとんどなくなっていた。

黒幕
34

# 田中清玄

## 転向した右翼の黒幕

たなか・せいげん。1906～1993。政治活動家。北海道生まれ。戦前期の非合法時代の日本共産党中央委員長。転向後は政治活動家となり、実業家として三幸建設工業社長、光祥建設社長を務めた。

「一に度胸、二に腕っ節、三、四がなくて、五にイデオロギー」。これが田中清玄のモットーだ。田中清玄は戦後、右翼の黒幕として暗躍した人物である。しかし、戦前は日本共産党の武闘派であった。まさに、モットー通りの、イデオロギーより度胸と腕っ節で仲間を増やしていった。その清玄が左翼から右翼へ転向したのは獄中だった。マルクス主義を信奉していた清玄の、その思想が一番ぐらついたのは、当時共産党委員長であった佐野学が獄中で転向したことだった。

1932年2月、佐野とは日本共産党が武闘路線をとったときに、共に警察と戦った仲間だった。そして、佐野とともに転向した佐野の甥である佐野博とは、警察と銃撃戦を戦った仲間だった。この銃撃戦は和歌浦事件と呼ばれ、警官に死傷者が出た。このとき、清玄の母は警官の死を詫《わ》びて自殺している。この母の死は、清玄に非常なショックを与え、人目もはばからず、わめくように泣き叫んだ。

しかし、これが清玄の転向のきっかけになったわけではない。革命に死はつきものである。そのことは清玄も十分に自覚していた。だが、佐野の転向は違った。佐野の転向を獄中で聞いた清玄は、激しく動揺した。信じていたものがポキッと折れてしまった。佐野は「天皇を尊重した社会主義を行う」として転向した。

34年、清玄は転向を宣言し出獄した。転向後は実業家の顔と政治活動家の顔を持ち、国際政治や経済の舞台裏で暗躍するようになる。天皇にも拝謁し、意見を述べている。事業面では、戦後、日本興業銀行の中山素平《そへい》にアドバイスされ、セメント・肥料・農薬の「三白産業」を手がけ成功する。

一方、49年には中曽根康弘の反共運動に協力して日本電気産業労働組合の切り崩しで青年行動隊を組織し、スト破りを起こしている。60年の安保闘争では右翼であるにもかかわらず、「反代々木、反モスクワ、反アメリカ」の全学連に資金援助した。

また、山口組の田岡と手を組み、反目していた児玉誉士夫の東亜同友会と対立するが、東声会組員に銃撃され、一命は取り留めたが、重傷を負う。

その後、石油利権に手をかけ、インドネシアの油田やアブダビの海上油田、北海油田の開発に関わり、さらにアジア連盟と称して鄧小平の来日を実現した。

黒幕 35

# 緒方竹虎

## 日本インテリジェンスの祖

おがた・たけとら。1888〜1956。内閣副総理大臣。山形市出身。大阪朝日新聞社の副社長・主筆であったが、創業家との確執から政治家に転身。自由党総裁、情報局総裁、内閣官房長官、副総理などを歴任。

「緒方さんは総理を目前にして急逝した。緒方さんの後、日本の政治家たちは情報（インテリジェンス）に目をつぶって半世紀がすぎた」

警視庁公安部長や内閣情報調査室（内調）室長を歴任した大森義夫は、著書の中でこう述べている。日本のインテリジェンスの主流を歩いた大森が称賛するほど、緒方は情報分野における慧眼の士であった。

緒方は早稲田大学卒業後、朝日新聞社に入社。政治部長、編集局長、主筆を経て副社長となり、「二・二六事件」では同社を襲った陸軍将校と対峙《たいじ》して名を馳《は》せた。

また、左翼知識人からも評価を受ける一方、国家主義者の頭山満や中野正剛らと親交を深めた。１９４４年に政界に転じてからは小磯、東久邇両内閣で情報局総裁などを歴任。その一方で戦争末期には中国との和平を試みている。

こうした経験から、日本にも強力な情報機関が必要であると認識。その足掛かりとするため、わずか数人で立ち上げたのが調査室（のちの内閣情報調査室）だった。しかし、大森が述べている通り、緒方はその志を実行に移せぬまま他界した。だが実のところ、緒方本人は晩年を、日米インテリジェンスの中心で過ごしていた。

２００５年に機密解除された米公文書館のＣＩＡ文書によると、ＣＩＡは当時、緒方に対し「我々は彼を首相にすることができるかもしれない。実現すれば、日本政府を米政府の利害に沿って動かせるようになろう」と最大級の評価を与え、緒方と米要人の人脈づくりや情報交換などを進めていた。

特にＣＩＡは日本民主党の鳩山一郎首相がソ連との国交回復に意欲を持ち、さらにはソ連が左右両派社会党の統一を後押ししていることを警戒。緒方による保守勢力の統合に期待し、政治工作を本格化させた。そうした期待もかなわず緒方が急死するや、ＣＩＡは緒方の後の政治工作対象を、賀屋興宣《かやおきのり》や岸信介に切り替えていく。

もっとも、こうした事実は必ずしも、緒方がＣＩＡのスパイであったことを意味しているわけではない。むしろ緒方は、米国側の思惑を自らの情報センスをもって受け止め、それを日本の国益に変換するために、強力な情報機関の設立を目指したのだ。

# 黒幕36 大野伴睦

## 総理になり損ねた男の人生

おおの・ばんぼく。1890〜1964。自民党副総裁。岐阜県出身。本名は「ともちか」。30年、衆議院議員初当選。57年に初代自民党副総裁に就任。岸信介退陣後の総裁ポストを狙うが果たせず。

自民党の初代副総理として知られる大野伴睦は、典型的な党人政治家である。周囲から「伴ちゃん」と親しまれ、副総裁として岸政権を支えた時代、児玉誉士夫とのパイプを持つ大野は裏の総理として存在感を発揮していた。

もうひとつ、1958年からロッキード社の秘密代理人となっていた児玉誉士夫が特によく働きかけた一人が、この大野であったことも見逃せない。

59年1月、ふらつく政権運営のなかで安保条約の改定に執念を燃やす岸信介首相は、日比谷の帝国ホテルで河野一郎、佐藤栄作、永田雅一、そしてフィクサー・児玉誉士夫らが同席するなか大野と会う。岸が大野に懇願した。

「安保さえ改定できたら退陣し、政権を渡す。協力してほしい」

永田雅一（大映社長）が誓約書の作成を提案し、安保改定までの岸政権に協力する代わり、総理は岸→大野→河野→佐藤という順番に引き継ぐ、という誓約書に4

人が署名した。大野はこの瞬間、次期総理の座を手中にしたかに見えたが、そうはならなかった。実際の総理は岸→池田→佐藤。河野一郎が岸への造反姿勢を明確にしたため、岸が態度を硬化させ、大野は順番を飛ばされ「誓約書」は幻となった。

それでも大野は最後まで、誓約書の有効性を信じ、総理の座に未練を持っていた。

大野は読売新聞の政治記者・渡辺恒雄を特にかわいがり、大野派の人事にも意見するブレーンとして重用した。渡辺がこの時代に得た人脈と処世術で「黒幕」へと変貌していったことは興味深い。

渡辺はのちに、この政権私議の際に交わされた「誓約書」の実物を見たいと大野に聞いたところ、児玉がそれを持っていると聞き、初めて児玉邸で会ったことを明かしている。渡辺は単刀直入にその証文を撮影させてほしいと申し入れたところ、意外にも児玉は了承。スパイが使う超小型のカメラで撮影した。

人情家・大野伴睦を物語る逸話は多い。

自宅に泥棒が入った際、「今これだけしかないが、もっといるのか?」と対応。泥棒から「これから一生懸命働いて、必ずこのお金をお返しに来ます」と、かしこまられたという。正直すぎた性格が、総理のイスに嫌われたのかもしれない。

黒幕

# 37

## 田中派の大番頭として君臨

# 橋本登美三郎

はしもと・とみさぶろう。１９０１～１９９０。自民党幹事長。茨城県潮来市生まれ。国会議員は「三度目の正直」で選ばれた。運輸大臣在任中の70年、「よど号ハイジャック事件」が発生。犯人側と交渉に当たる。

かつてＮＨＫに君臨した元会長の海老沢勝二。その背後に控え、海老沢の守護神となったのが、元自民党幹事長で郵政族の実力者だった橋本登美三郎である。

橋本と海老沢は、茨城県潮来市の同郷である。ＮＨＫにはこの２人だけでなく、「茨城人脈」なるものが厳然と存在していた。たとえば、２００４年に問題となった番組制作費詐欺事件で逮捕された元プロデューサーも茨城県出身者だ。ＮＨＫ内部には長らく、縁故採用や情実人事がはびこり、政治家の子弟や後援会関係者、特に郵政省（現総務省）や族議員らの推薦には「最大限の配慮」がなされてきた。

そして、そうして築かれた人脈の頂点に立ったのが海老沢であり、橋本であった。

橋本は１９２７年に早稲田大学を卒業後、朝日新聞社に入社。満州特派員となったのを皮切りに中国で活動する。南京を日本軍が占領した際には、部下の記者を15人ほど引き連れて一番乗りしたことで知られる。

戦後、政治家に転身し49年の衆院選（茨城1区）で初当選。郵政族議員となり、特殊法人としてのNHK設立に尽力したことで、のちの影響力の土台を築く。

自民党では佐藤栄作の側近となり、田中角栄、保利茂、愛知揆一、松野頼三とともに「佐藤派五奉行」の一角を占めた。また早大雄弁会出身者として、同じ雄弁会出身の竹下登や海部俊樹、森喜朗らに影響力を及ぼした。

64年の佐藤内閣発足後は、官房長官、建設大臣、党総務会長、運輸大臣を歴任。これに続く「角福戦争」では田中派の大幹部として、田中内閣成立に貢献した。田中内閣では自民党幹事長に就任。郵政族のドンであった田中とともに、NHKに対する影響力を絶対的なものとした。

70年、運輸大臣だった時代に「よど号ハイジャック事件」が発生。そのとき乗客の身代わりになることを自ら申し出たが、現役閣僚を人質にさせることはできないと当時政務官だった山村新治郎が「代役」を務めたこともある。

だが、76年にロッキード事件で逮捕・起訴され、自民党から離党。80年の落選を受けて政界から引退した。裁判では一審・二審で懲役2年6月・執行猶予3年、追徴金５００万円の判決を受け、90年1月19日に死去した。

黒幕 38

# トップの背後にいた「ミスターナンバー2」
# 川島正次郎

かわしま・しょうじろう。1890～1970。自民党副総裁。千葉県市川市出身。28年衆議院選挙初当選。戦後、55年、鳩山内閣で初入閣を果たす。岸政権では幹事長に起用され、「寝業師」と呼ばれた。

昭和の自民党政権で最も「ナンバー2」が似合う男といえば、必ず名前が挙げられるのが川島正次郎である。その生きざまはしばしばナポレオン政権時に秘密警察を組織し、政権中枢を渡り歩いたジョゼフ・フーシェにたとえられ「昭和のフーシェ」あるいは「おとぼけ正次郎」と呼ばれた。

川島の政界を生き抜く処世術は、大政翼賛会の総務会長を務めたこともある前田米蔵の教えがあったといわれる。

1928年、衆議院議員に初当選した川島は立憲政友会に所属。そこで前田から「欲を出してはいけない。ナンバー2でいるのがコツだ」と教えられたという。

川島の実務調整能力が認められたのは戦後の第2次鳩山内閣で自治庁長官・行政管理庁長官として入閣してからのこと。もともと内務省で選挙関連業務に携わっていた経歴があり、選挙改革制度の法案作りは川島の得意分野だった。

鳩山内閣退陣後、岸政権において川島は幹事長に就任。岸が退陣する際の総裁戦では、次の総理を約束されたとする大野伴睦を「君が出ると石井光次郎と票が割れ池田勇人に負ける」と説得。大野は泣く泣く総裁戦出馬を断念したが、いざ選挙となると「大野が出たら大野を支持するつもりだったのに、出馬しなかったので池田を支持する」と見事な手のひら返しを演じて見せた。

川島は、62年に岸派解散後、川島派として独立したが、議員数は20人弱と決して大きな派閥の領袖ではなかった。しかし、少ない人数のほうが派閥内でのキャスティングボートを握りやすいほか、ポストや資金の配分も楽だとして、あえて議員数を増やさなかった。小派閥ながら長く副総裁の座を維持したのは、長い政治生活から得た知恵であったといえよう。

政局のキーマンとして暗躍しただけではなく、64年の東京五輪担当大臣として大会を成功させた。また68年の沖縄返還では、アメリカ政府に返還の約束を取り付けたのがこの川島であったことが、近年公開された米国公文書館の外交機密文書から明らかになっている。いまなお有名な「一寸先は闇」という政界を象徴する言葉は、この川島によるものである。「寝業師」の名にふさわしい名言と言えるだろう。

黒幕 39

# 「警察人脈」と情報で政官を牛耳った男
# 後藤田正晴

ごとうだ・まさはる。1914〜2005。内閣官房長官。徳島県生まれ。東京帝大在学中に高等文官試験に合格。卒業後、内務省入省。69年警察庁長官。76年の衆院選で初当選。中曽根内閣では官房長官を務めた。

エリート警察官僚としてトップまで上り詰めた後、政治の世界で内閣官房長官を務めた後藤田正晴にはこれといった「暗い影」はない。

しかし、60歳を越えての政界入りとあって、時の総理に官房長官を請われるほどの力量をもちながら、自身は最後まで総理大臣をやろうとは思わなかったという態度は、結果的に後藤田を「陰の実力者」たらしめたことは事実である。

後藤田の実力の源泉が、警察官僚出身者に共通する「情報力」が武器となっていたことは言うまでもない。中曽根政権時代には、中川一郎の自殺や大韓航空機撃墜事件、日航機墜落事故など大きな事件、事故があったが、これらにまつわる「陰謀論」に必ず当時官房長官だった後藤田の名が登場するのも、その「情報力」がいかに強大であったかを示すものである。

後藤田の性格を物語る旧制高校時代の有名なエピソードがある。陸上競技大会の運営責任者となった後藤田に友人がこう話しかけた。「日本記録を狙える短距離選手がいる。今日の観客はみな彼が目当てだ。しかし、まだグラウンドに来ていない。だから彼が来るまで少し待ってやろう」

しかし、後藤田は首を振る。「記録は関係ない。決められた進行時間にスタートする。大事なのは規律を守ることだ」

後藤田は厳格な法遵守《じゅんしゅ》に重い価値を置いた。のちに法務大臣に就任した際、3年4カ月にわたってストップしていた死刑執行を再開させたのがその好例である。

警察庁時代の部下だった佐々淳行（初代内閣安全保障室長）は、後藤田による役人の心構え、「後藤田五訓」をまとめている。

一、省益を忘れ、国益を想え。一、悪い、本当の事実を報告せよ。

一、勇気をもって意見具申せよ。一、自分の仕事ではないというなかれ。

一、決定が下ったら従い、命令は実行せよ。

いまも霞が関に残る金言として有名である。

1996年に政界引退後、後藤田は政界のご意見番としてメディアに登場し、日本のあるべき姿について提言を行い、その言葉は必ず政権中枢に届いていたという。

## 黒幕 40

# 小渕・森政権の「陰の総理」 野中広務

野中広務は、自ら被差別部落出身者と明かしたことのある政治家として知られる。「野中闇将軍説」は、その部分を意識するあまりの「つくられたイメージ」に過ぎないとの声もあるが、国家公安委員長も歴任し、独自の情報網で政局をコントロールした実力派幹事長であったことは間違いない。ジャーナリスト・魚住昭による野中の評伝『差別と権力』のなかに、こうした記述がある。

1995年、野中が国家公安委員長だった頃、公明党幹部の藤井富雄都議と後藤忠政・後藤組組長の「密会テープ」の存在を野中広務がどこからか聞きつけた。

そのテープには、「(反学会の急先鋒《せんぽう》である) 亀井静香のような者は創価学会のためにならない」と後藤組長に話す藤井の姿が映っていた。野中は、これをどこからか入手し公明党に揺さぶりをかけ、住専国会で妥協するよう迫ったという流れである。極秘のテープをなぜ野中が見たのか。このことは、自民党幹部にとっても衝撃

のなか・ひろむ。1925〜2018。自民党幹事長。京都府生まれ。83年、衆院補欠選挙で当選。自治大臣、国家公安委員長、内閣官房長官、自民党幹事長を歴任。小渕内閣の頃から「陰の総理」と呼ばれた。

的なことだった。「野中は何を知っているか分からない男だ」。こうした評判は徐々に永田町に定着し、一部の議員に畏怖されることになる。

2000年に小渕が病に倒れた際、密室で次期総理に森喜朗を指名した、いわゆる「5人組」メンバー（野中、森、青木、村上、亀井）にも名を連ねていた野中は、その時点で「総理大臣」より上位の政治的実力を持ち合わせていた。

もっとも、森政権末期に「野中総理待望論」が起きたとき、本人はかたくなに出馬を否定した。同年の「加藤の乱」では幹事長として巧みに切り崩し工作を行い、クーデターを軽く粉砕。その実力評価はさらに高まった。自らの差別体験から、弱者への視線は温かく、政治姿勢はハト派だった。

03年の自民党総裁戦ではポスト欲しさに小泉におもねる議員を「毒まんじゅうを食らった」と批判。自身は政界を引退したが、その後も永田町には一定の影響力を持ち続けたとされる。

第一次安倍政権崩壊後、麻生を担ぎ出そうとした勢力をつぶし、福田政権誕生の演出に一役買ったとも言われる。かつて「部落出身者を日本の総理にはできない」という差別的な発言をした麻生太郎と激しく対立した逸話は有名だ。18年に死去。

黒幕 41

# 金丸 信

## 角栄亡きあとの政界のドン

かねまる・しん。1914〜1996。自民党副総裁。山梨県生まれ。58年の衆院選で初当選。第2次田中内閣で入閣。中曽根内閣では幹事長、副総理を務める。その後、竹下と経世会を立ち上げ田中派から独立。

金丸の故郷・南アルプス市には、お約束の銅像をはじめ、生前に金丸が地元につくったものがたくさん残っている。田中角栄に認められ自民党中枢へ駆け上った金丸は、いわば角栄イズムを受け継ぐ「昭和式」の最後のキングメーカーであった。

柔道選手として慣らした金丸の発想は、「親分が言うことは絶対」という体育会系が基本であったものの、妥協案をうまく出すことによる問題解決能力（「足して2で割る金丸国対」と評された）に優れており、キレイ事だけでは済まされない政治家としての資質に恵まれていた。大嫌いな中曽根が総理になっても幹事長、副総理を務め、これまたソリの合わない宮澤喜一を、世論を見て総理に推すなど、主義主張よりも空気を読むことに長《た》けていた政治家であった。

金丸がその隠然たる力を最大に発揮したのは、竹下が総理の座に就き、自身が経世会会長の座に納まってからの数年間である。金丸も総理の座に意欲がなかったとは言えないだろうが、少なくとも何が何でもといった露骨な動きは見せなかった。このあたりも、自身のキャラクターをよく理解した態度である。

竹下内閣が消費税導入とリクルート事件で崩壊したあとも、宇野、宮澤内閣を仕切り、１９９０年には訪朝し、金日成とも会談した。

92年、東京佐川急便からの5億円のヤミ献金が発覚し、金丸の失脚が始まった。この事件で金丸は議員辞職に追い込まれたが、巨悪にメスを入れると思われた東京地検が、フタを開けてみれば、たった20万円の罰金（政治資金規正法違反容疑）で終わらせたことでかえって国民の怒りが渦巻き、金丸への風当たりは強くなった。

その後、国税局が脱税容疑で金丸を追及。93年に逮捕されると、自宅からは「金の延べ棒」など数十億円の不正蓄財が発覚。金丸の時代は完全に終わった。

しかし、一連の疑惑追及の過程でも、金丸が一切「秘書」や「側近」のせいにしなかったことを評価する向きもある。それは盟友・竹下登とは異なっていた。

その後、金丸の蓄財資金は私的な目的ではなく、近い将来やってくる政界再編に備えた新党準備金であったとの証言が自民党内から上がった。金丸は「永遠のキングメーカー」を目指していたのだろうか。

黒幕

42

## 税の聖域を仕切った男
# 山中貞則

やまなか・さだのり。１９２１～２００４。自民党税務調査会長。鹿児島県出身。53年衆議院選挙初当選。大蔵政務次官となったのを機に税制のスペシャリストの道を歩む。その後、「税制のドン」と呼ばれる。

かつて、自民党税務調査会（税調）といえば、総理さえも踏み込めない聖域として知られていた。日本の税制はすべて一握りの「インナー」と呼ばれる税調メンバーの意向によって決められており、そのトップに長く君臨したのが「テーソク」こと、鹿児島県出身の衆議院議員、山中貞則であった。

税制の改正を行う政治家には官僚と伍《ご》する専門知識に加え、何より「公平さ」を守ることのできる見識が求められる。山中は50年にわたり税制を勉強。日本の税制は「熱海の旅館（増築のため迷路になっている様）」と呼ばれるように細かな改正が何度となく行われているため、そのすべてを理解するには年季が必要になる。

山中は、いつしかどんなに優秀な大蔵官僚でも太刀打ちできない知識を身につけた。税については一切の陳情や取材を受け付けない姿勢を貫き、１９７９年に税調会長となって以降、まとまりにくい税の問題を自身の「神の声」で片付けてきた。

大蔵官僚も、時の総理でさえも山中の出した結論に注文をつけることはタブーとされた。まさに究極の族議員であった。消費税導入時、いったん5％と決まっていた数字を独断で3％とし、大蔵省幹部を青くさせたが誰も文句は言えなかった。生活保護世帯への配慮を考えての判断だった。

消費税導入により、選挙でまさかの落選を味わったこともある。しかし、必要なことだと信念を説き、次の選挙で鮮やかに返り咲いた。

その人となりも豪快で、数々の伝説を残している。

初当選は53年だが、1年生議員の分際で総理・吉田茂に突進。「コラ待て！」と吉田を追いかけた。理由は、あいさつしたのに吉田があいさつを返さなかったから。

女性問題を暴かれた宇野総理に対しては「サミットから帰ってきたら首を落とす」。総理に就任した小泉も、デフレ対策の先行減税案の「お伺い」を立てるため、平河町の山中事務所を4度も訪問している。

山中の反論を許さない「神の声」は、ある時期まで効率的な政策決定装置として機能した。しかし、現在の自民税調の存在感は薄い。山中は晩年、議論がまとまらない際にはよく苦言を呈した。「誰かに責任を取れという議論は慎むべきだ」

黒幕 43

# 浪花節キングメーカーの生きざま 竹下 登

たけした・のぼる。1924～2000。内閣総理大臣。島根県の造り酒屋の長男。58年、衆院選挙で初当選。71年内閣官房長官。85年に創政会を立ち上げ、87年に「経世会」として田中派から独立。

昭和から平成にかけ、経世会オーナーとして君臨した竹下登。総理在任中はリクルート事件、消費税導入、「ふるさと創生1億円」の、ばらまき批判などで支持率は常に低空飛行で終わったが、その政治的支配力と支配期間の長さは「キングメーカー」と呼ぶにふさわしいものだった。

官僚エリートでもなく、田中角栄のようなブルパワータイプでもない竹下の「躍進の秘密」は一概には言えないが、ストレス・逆境に強い忍耐力と、「気配り目配りカネ配り」と言われたマメな性格が竹下を総理の座に導いた理由であると言われる。

性格は慎重で人を怒ることはなかった。総理在任中、回りくどい答弁を指し「言語明瞭、意味不明」と揶揄《やゆ》されたことについて「言葉の選びすぎ、それから、ある意味においては、やっぱりしっぽをつかまれないようにという用心深さが、そうさせたんじゃないかなあ」と答えている。

政治家としての竹下の最大の危機は、田中派からの独立とリクルート事件であった。１９８５年に盟友・金丸信らと立ち上げた「創政会」は、田中派からの独立を模索するアドバルーンだった。当初、警戒しながらも容認していた田中角栄だったが、竹下が87年に「経世会」をつくり、完全な独立を図ろうとすると、これに怒った田中角栄は竹下を絶縁。

同時に右翼団体・皇民党による「ほめ殺し」キャンペーンが展開された。このとき竹下はじっと耐え、田中の目白御殿へ謝罪に出向くも門前払いされるという屈辱を受けながらも、多くの田中派議員をまとめて後継総理の座を勝ち取っている。

消費税導入という必要ではあるが評価されない仕事を手がけ、損な役回りを演じたが、そんなときも誰かを批判することはなかった。88年に発覚したリクルート事件では懐刀の「金庫番」青木伊平が自殺。竹下は中央政界入りする前に妻に自殺されるという苦い経験を持っている。だが、かつてと同じように竹下はじっと耐えた。

もっとも、竹下が院政を敷くために指名した海部俊樹が、意外にも竹下政権を抜く2年超の「長期政権」を維持したときには、思わずこうぼやいた。「ワシは3桁の億のカネを使って1年半あまり。海部は1円も使わず2年もやったわな……」

黒幕 44

# 青木幹雄

## 参院のドンとして政局を演出した「寝業師」

あおき・みきお。1934〜2023。参院自民党幹事長。島根県大社町の漁師の家に生まれる。早大で雄弁会幹事長を務めるが、竹下登の秘書となって中退。86年に参院議員となり、「参院のドン」と呼ばれる。

青木幹雄は早稲田大学の弁論クラブ「雄弁会」に在籍していた際、同じ島根県出身の竹下登元首相の選挙運動を手伝ったことから、大学を中退して地元に帰って秘書となった。ちなみに雄弁会では幹事長を務めたが、副幹事長はのちの総理である森喜朗であった。

秘書から島根県議を務め、さらに参議院議員へ転身したのは１９８６年の中曽根康弘政権下で、竹下はその選挙後に自民党幹事長を拝命している。

ここから青木は出世街道を異例のスピードで進んでいく。

98年には自民党の参議院幹事長に任命され、翌99年には初当選からわずか10年余りで、第２次小渕恵三内閣において官房長官という政権にとってナンバー２のポストに就任する。初入閣でこのポストに就くのは青木が初めてであった。なお、小渕もまた早稲田大学雄弁会出身者である。

そして同じ頃、竹下は体調を崩し入院するようになると、「経世会」の象徴とされた国会近くにある「ＴＢＲビル」４階の竹下事務所を竹下・青木事務所として、竹下が座っていたイスに我が物顔で青木が座るようになったという。

青木は「参院のドン」と恐れられ、強い影響力を及ぼした参議院自民党は「青木党」とまで揶揄《やゆ》されるほどだった。

２０００年6月に竹下は死去し、死の直前に病床から引退声明を発表したが、このあたりの演出はすべて青木が取り仕切っていた。当時、青木はこう語っていた。「竹下さんはオレの言うことなら何でも聞く。オレが引退しろといえば引退する」

同じ年の4月に小渕総理が突然の脳梗塞で倒れた際、森政権の誕生を「承認」した、いわゆる「5人組」の一人が青木だった。

青木は03年、旧竹下派の仇敵《きゅうてき》である清和会出身の小泉純一郎が総裁選に出馬した際、それを後押ししている。青木の態度に反発する議員に対してはこう凄《すご》んで見せた。「オレと竹下でつくった派閥をオレが壊して、どこが悪い」

青木は10年5月14日、病気により国会議員を引退したが、その日はかつて官房長官として支えた小渕元首相の命日であった。23年、青木もこの世を去った。

黒幕
# 45
# 森 喜朗
## 旧田中派から政権を奪取

もり・よしろう。1937〜。内閣総理大臣。石川県の政治一家に生まれる。69年衆議院選挙初当選。清和会に所属し中曽根内閣で文部大臣として初入閣。その後、総理を経て平成のキングメーカーとして君臨。

２０００年5月から08年9月までの長きにわたり、自民党は森派の総理大臣が続いた。民主党政権を挟み、再び安倍元首相が長期政権を維持した。この間、森喜朗は派閥オーナーとして君臨。「平成のキングメーカー」となった。自らは12年に国会議員を引退したが、その後も「ご意見番」として、要所で存在感を発揮した。

森の総理在任期間は約1年で、「神の国」発言から自身の買春疑惑報道まで、散々な結果に終わった。本来であれば、そこから「政界の黒幕」に昇格できない成績であったのだが、それをひっくり返したのが小泉純一郎である。

もともと、森内閣時代の00年に起きた「加藤の乱」の際、ＹＫＫの絆から「小泉は森派を飛び出し加藤につくのではないか」と見る向きは多かったが、小泉は森派にとどまった。ここで森の求心力がひとつ見直された。

その後、総裁に就任した小泉は「自民党をぶっ壊す」とのスローガンで予想外の人気を集め、次第に本格化。

05年のいわゆる郵政解散選挙では圧勝し、小泉の後見人を自任していた森の影響力はおのずと強まることとなった。

森は「自分の言うことさえ聞かない小泉に困惑する派閥オーナー」を演じ続けることで、自民党内の他派閥の不満をガス抜きしつつ、実際には巧妙に「自派閥の隆盛」を目的として行動してきたフシがある。

05年の郵政解散の前、森はわざとらしく缶ビールと乾いたチーズを手に持ちながら報道陣の前に現れ「法案が否決されても解散するなと説得したが無理だった。変人以上だ。このとおり食事も出さない」とぼやいてみせたのは、その一例である。

森は総理経験者であるが、これまで本格的に掘り下げた評伝を書いた著者がいない。自身が書いた自伝はあるが、早稲田大学に裏口入学したなど批判記事のネタ本として利用された。

国民の関心度の薄さやスケール感の小ささと言ってしまえばそれまでだが、党三役と総理をすべて経験した森は、「実力を過小評価されている政治家」の一人であろう。

黒幕
46

# 村上正邦

## 参院で権勢を誇った「法王」

むらかみ・まさくに。１９３２〜２０２０。参院自民党会長。福岡県生まれ。「生長の家」職員を経て「政界の総会屋」と呼ばれた。80年、参院選で初当選。92年、労働大臣として初入閣。95年、参院幹事長に。

村上正邦は、青木幹雄と並び参議院で強い支配力を持った「参院のドン」の一人である。国政に初当選した１９８０年当時、村上はかつて所属した宗教団体「生長の家」をバックとしていたことで知られる。その後、同団体が創始者・谷口雅春の死を機に政治に一線を画す方針を打ち出したことで関係は切れ、その後はＫＳＤ（中小企業経営者福祉事業団）を支持母体とした。

村上の師は「元祖参院のドン」「政界の総会屋」と呼ばれた玉置和郎・元参院議員である。村上は玉置の秘書を14年務め、その生きざまを学んだ。

宗教団体を集票母体とする手法や、困難な種類の党内工作を一手に引き受けることで存在理由を発揮するスタイルはすべて玉置が元祖で、村上が「ドン」と呼ばれるようになったのも、この玉置の直系の後継者と見なされていたことが大きかった。

村上は順調に当選を重ね、92年には労働大臣として初入閣（宮沢内閣）。95年には参院自民党幹事長に上り詰める。当時、公安委員長だった野中広務とは折り合いが悪く、野中からは世間を騒がせ続けていたオウム真理教にちなんで「アイツは参院の〝尊師〟だ」と揶揄《やゆ》されたこともある。

村上の実力を広く知らしめたのが、２０００年のいわゆる「５人組」事件だ。小渕総理が倒れた際、密室で総理が決められた。その「５人組」のうちの一人がこの村上であった（他は森、野中、亀井、青木）。このとき加藤紘一と反目していた村上は積極的に森を担ぎ上げ、主導的役割を果たしたとされる。

直後、「ＫＳＤ事件」で、村上の側近議員（生長の家出身の小山孝雄）が逮捕され、村上は証人喚問される。その後逮捕され、08年に実刑判決が確定した。

事件後、村上はジャーナリスト・魚住昭のインタビューにこう答えている。

「私は今度の事件に遭遇して初めて、自分がイメージした国、自分が愛した国家と現実の国家がまったく別物であることに気づかされました。私は現実の国家に裏切られたのかもしれません。それでもなお私は言いたいんです。私は自分を生み、育ててくれた親を愛し、妻や子どもを愛し、この国を愛していると。国会議事堂は私が愛してやまない、すべての生きがいだったのです」

黒幕 47

# 徳田虎雄

## 一代で「徳洲会」王国を築いた「風雲児」

とくだ・とらお。1938〜2024。徳洲会理事長。鹿児島県徳之島出身。75年、医療法人徳洲会を設立。「医療界の風雲児」と呼ばれた。3度目の挑戦の衆議院選挙で初当選。沖縄開発庁政務次官を務める。

徳田虎雄は、まだ米国占領下にあった鹿児島県奄美諸島の徳之島から、裸一貫で大阪に出て、大阪大学医学部に入学。卒業後、徳田病院を立ち上げた。

それから30年ほどで施設数約260、医療従事者数約2万5000人、診療売上総額約2800億円という日本最大級、世界でも屈指の規模を誇るマンモス特定医療法人「徳州会」を築いた医療界のモンスターだ。

1990年の衆議院総選挙に無所属で初当選して以降、4期にわたり代議士を務めた。2005年、衆議院解散の際、体調の悪化から政界を引退すると発表。後継として同年9月の衆議院総選挙に次男の徳田毅が立候補して当選を果たした。

実は、徳田は02年頃から筋萎縮性側索硬化症候群なる不治の難病に罹《かか》り、四肢おろか言語までままならなかった。それでも、文字盤を使ったコミュニケーションにより、彼は病床から静岡徳州会病院など4カ所に総合病院を立ち上げたうえ、何とブルガリアにまで総合病院を立ち上げたというから、その精神力には驚嘆する。

ところが13年、さらに驚きの展開が待ち受ける。創業者親族とのトラブルで徳洲会グループを追われた元事務総長のリークにより、前年の次男・毅の衆議院議員総選挙で、総帥の徳田を中心とする徳洲会グループが、選挙運動に職員を派遣した際に勤務先の病院などから給料や交通費を支給するなど、病院組織を利用した組織ぐるみの選挙運動を行っていたことが明らかになったのだ。

徳洲会グループの一部病院は人員不足に陥っていたが、派遣した職員が無断で選挙区を離れることを禁じ、病院業務より選挙運動を優先させていた。徳田は病状を鑑みて起訴猶予となったが、責任を取る形で徳洲会グループの医療法人に関する要職を退き、親族やグループ幹部らは立件され有罪判決を受けた。

さらに、女性問題も明るみとなった政治家の毅は政務官を辞任し衆議院議員を辞職。また、徳洲会の金が政界に流れていたことも判明し、当時の東京都知事の猪瀬直樹の辞任にも発展した。かつて徳田は組織のトップのモラルについて、こう答えた。「少しでも利己が入ると能力が１００％生かせない。私心を仕事に出さないというのは大切ですね」。その徳田も24年7月10日、86歳で死去。

黒幕 48

# 渡辺恒雄

## 「メディア権力」の体現者

わたなべ・つねお。１９２６〜２０２４。読売新聞主筆。東京都生まれ。東大を経て読売新聞社に入社。中曽根政権誕生の立役者とも言われる。読売新聞社社長、読売巨人軍オーナー、日本新聞協会会長などを歴任。

世界最大の発行部数を誇る読売のトップに長らく君臨していたのが、ご存じ「ナベツネ」こと渡辺恒雄である。

１９６０年代の初め、東京では夜な夜な、日韓国交実現に向けた両国要人の裏交渉が進められていた。韓国側にとって特に重要だったのが、自民党のキーマンで交渉慎重派の大野伴睦を説得することだった。そして、そうした場には読売新聞記者の渡辺恒雄が必ず同席。大野が消極的な態度を見せると渡辺は「オヤジ、私たちがいるじゃないか。元気を出せ！」と言ってハッパをかけ、国交実現へ向け背中を押したという。

当時、渡辺はまだ30代半ば。記者としての腕も悪くはなく、だからこそ読売の社主・正力松太郎の眼鏡にかない、大野伴睦の番記者の座に納まることができた。大野から得た絶大な信頼は、やがて中曽根康弘と盟友関係を結ぶ機会をもたらす。

中曽根が59年に第2次岸内閣の科学技術庁長官として初入閣した際、その人事を決定づけたのは、渡辺を介して取り付けた大野からの支持だった。

渡辺はこれらの仕事を、一介の新聞記者の身分でこなしている。そんな男を大新聞社のトップに据えれば、フィクサーとして成長しないほうがおかしい。

元来は「まったく興味がなかった」というプロ野球に対しても、権力者の立場からさまざまな影響を与えるようになる。そもそも、渡辺の読売グループ総帥としての権力は新聞の大部数に支えられており、読売の大部数はジャイアンツ人気に支えられている。権力の本質を知り尽くしている渡辺は、正力松太郎の長男・亨を名誉オーナーに祭り上げる形で自身が「真のオーナー」に就任。ジャイアンツ人気と読売グループの巨大メディアを武器にプロ野球界に君臨するようになった。

もっとも、正力の権力の源泉は永田町とジャイアンツ人気だけではない。あまり注目されていないが、読売グループは財務省の大物ＯＢの天下りを受け入れている。予算を握る財務省の協力なくしては、いかなる政権も長持ちはしない。政治家と、大衆と、中央官僚――このすべてを掌握する渡辺は、２０２４年に亡くなるまで、政界に隠然たる力を保っていた。

黒幕
49

# 佐藤昭子

## 議員がひれ伏した「越山会の女王」

さとう・あきこ。1928～2010。田中角栄秘書。新潟県柏崎市出身。出生時の名は昭。田中角栄の初当選時から秘書を務め、やがて事務所の金庫番を任される。角栄との間には非公式ながらも1女がいる。

田中角栄全盛時代、東京・平河町の砂防会館にあった田中事務所を守ったのは、角栄と同郷の女性、佐藤昭子であった。

田中派議員からは「ママ」と呼ばれていたこの女性は、正妻という立場ではなかったものの、公私にわたって角栄を支え続けた文字通り「角栄の分身」であった。

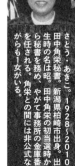

1946年の衆議院選挙、地元新潟から立候補した田中角栄の選挙を佐藤が手伝ったことが2人の出会いだった。角栄との出会いから6年後、そのとき別の男性との結婚と離婚を経験していた佐藤は、52年から正式に田中角栄の秘書として仕えることになる。その角栄との間に1女をもうけたが、認知されなかったこともあり、周知の事実であっても「そうであろう」というのが建前であった。

しかし、佐藤の没後、娘の敦子が月刊誌『文藝春秋』に手記を発表、母からは父は角栄だと聞いていて、自らも「オヤジ」と呼んでいたと記している。もっとも、角栄の佐藤に対する絶大な信頼は永田町で知らぬ者はなく、また角栄もそれを隠すような器の小さい男ではなかった。

角栄の個人事務所内には、彼の政治団体・越山会があり、佐藤はそこの責任者として大いに権勢を振るった。また、派閥の若手議員の教育係でもあり、育てた政治家には小沢一郎、小渕恵三、橋本龍太郎、羽田孜……などなど、のちの首相経験者、大実力者がずらりと並ぶ。彼らとママ・佐藤昭子の関係は角栄死後、事実上田中派が竹下登に乗っ取られてからも変わることはなかった。

角栄と佐藤の関係は、政界でも「知る人ぞ知る」類のものだったが、74年に『文藝春秋』が田中角栄研究と題する調査報道を発表。そこで佐藤が「越山会の女王」としてクローズアップされたため、佐藤は権力者に寵愛《ちょうあい》される存在として一般層にも注目されることになった。この記事を目にした娘の眞紀子は激怒し、佐藤の追放を要求。家庭内からも突き上げを食らった角栄は、その後総理退陣に追い込まれる。

85年、角栄が脳梗塞に倒れると、眞紀子は佐藤と秘書の早坂茂三を解雇し事務所から追放した。佐藤は「政経調査会」を主宰し、それは一部の田中派議員たちのサロンとなったが、93年に角栄が死去した際は、最後の面会すら拒否されたという。

黒幕
50

# 改憲勢力を率いた最後の大物
# 中曽根康弘

なかそね・やすひろ。1918~2019。内閣総理大臣。群馬県高崎市生まれ。47年、衆院選挙に当選。正力派、河野派に所属後、中曽根派を結成して82年に内閣総理大臣。「政界の風見鶏」と呼ばれた。

女性が美しく見える条件として「夜目、遠目、傘のうち」という言葉がある。第71代総理大臣として在位１８０６日という長期政権を築いた中曽根康弘についても、「富士山のような」つまり遠目に見ていれば、実にすばらしい宰相であるという評価がついてまわった。

戦後いち早く「緋縅《ひおどし》の鎧《よろい》を着けた若武者」と言われて、颯爽《さっそう》と中央政界にデビューした青年政治家は、順調に政界の階段を上っていくが、弱小派閥を渡り歩くという悲哀を味わううちに身につけた政界処世術が「風見鶏」という生き方だった。

堂々とした長身、実直そうな物言いとパフォーマンスで国民大衆からは人気があったが、どうしても計算が先に立って、人のためというより自分のためという行動が目に付いた。

たとえば「リクルート事件」。逮捕された藤波孝生は中曽根内閣の官房長官。事件に関しては親分に義理立てして黙秘を通した。

ところが、その親分から見捨てられるように藤波は政界から消えていった。中曽根は彼のために何をしてやったというのだろう。

## 米国との堅固な関係性で異例の長期政権を実現

中曽根内閣といえば、当時のレーガン米大統領との緊密さは有名で、「ロン・ヤス」関係は日本の国民に強い印象を与えた。「不沈空母」という言葉が世界中を駆け巡ったように防衛論議も盛んとなり、新しいナショナリズムを喚起した。もっとも、靖国参拝で中国、韓国から政治問題にされるような原因をつくったのは中曽根だ。

組閣に際しては、田中の懐刀といわれた後藤田正晴と清貧イメージの伊東正義を重用して内政は2人に任せる姿勢を見せ、その後は安倍晋太郎、竹下登、宮沢喜一といったニューリーダーを競わせることで、長期政権の礎を築いていった。

「安竹宮」の後継争いでは事実上の「指名権」を手中にしていたのが中曽根で、なかなか明確に態度を表明しない老獪《ろうかい》な戦術で、キングメーカーとしての「才能」を見せ付けた。

最終的に中曽根が指名したのは竹下登であったが、決め手となったのは「竹下が最も自分の言うとおりに動く」というものだった。

外部応援団として世間に知られた読売新聞の渡辺恒雄でさえ、一時は中曽根総理実現を絶望視したというが、いざ実現してみれば闇将軍として絶対権力を振るっていた田中角栄を巧みに取り込むなど大化けを果たしている。

角福戦争と言われた自民党総裁選で、同郷群馬県の先輩福田赳夫を敵としてまで田中勝利に貢献した大手柄が生きていたわけだ。

晩年、憲法改正に意欲を燃やし続けたが、時の総理大臣であった小泉純一郎にまさかの引導を渡され、議員バッジを外すことを余儀なくされた。しかし、姿亡き中曽根の「声」は、かえって威厳を増したが、2019年にこの世を去った。

息子の中曽根弘文は参院7期当選の重鎮。そして17年の衆院選では孫の中曽根康隆が初当選、中曽根ブランドは健在である。なお、中曽根弘文の妻は加計学園問題で有名になった前川喜平・元文部科学省事務次官の実妹である。

# 第四章

# 政商と官僚の黒幕たち

黒幕 51

# 五島慶太

## 「強盗」と呼ばれた鉄道王

ごとう・けいた。１８８２〜１９５９。東急鉄道創業者。長野県青木村生まれ。29歳で農商務省に入省、鉄道院勤務となる。その後実業界に転じ、私鉄会社の設立と買収を繰り返し、堤康次郎と並ぶ鉄道王となる。

一代で「東急グループ」という巨大コンツェルンを築き上げ、〝鉄道王〟の異名を持った五島慶太は、同時に「強盗慶太」という異名でも知られていた。「五島と商売で付き合うと丸裸にされる」と恐れられるほど、容赦ない企業買収で事業を拡大していったからだ。

帝大、官僚出身の五島は１９２０年、官庁を辞すると武蔵電気鉄道常務に就任する。「官僚で納まるには器が大きすぎた」と言われた五島は、まず手始めに目黒蒲田電鉄を設立すると、池上電鉄、玉川電鉄を次々と買収・合併。さらに阪急グループの小林一三を見習い、買収した私鉄沿線の住宅地分譲に着手する。

渋谷を中心に東京近郊の私鉄を制覇していった五島の次のターゲットは地下鉄だった。五島は東京地下鉄の早川徳次に渋谷－新橋間をレールでつなぎ、渋谷－浅草間で地下鉄を走らせようと提案した。ところがこのプランを早川は拒否する。

すると五島は早川の東京地下鉄を強引に買収してしまった。さらに同時期に三越の株を買い占めると、持ち前の強引さでデパート、ホテル、観光業と次々に事業を伸ばしていった。これらの行為が、世間の目から見て〝強盗〟と映ったのである。

だが、五島はこの批判をまったく意に介さなかった。

「私は事業上の自分の主義と信念とを、一貫して貫き通しているだけである」

五島の後にも戦後日本には小佐野賢治、横井英樹ら名だたる「乗っ取り屋」が現れるが、彼らは「五島門下生」と呼んでいいほど五島の下に付き、その手法を学んだ時期があった。

ただ、五島の場合、9年間の役人経験を生かし、基本的に「官僚」を敵に回すのではなく「うまく取り込んで使う」という発想があり、そうした寝業のうまさは誰もが真似できるものではなかった。

しかも、五島がすべての事業において、えげつない商売をしていたかと言えばそうではない。鉄道事業にかけては東急多摩田園都市をつくり上げ、イメージと裏腹に教育事業を積極的に推し進めるなど、「西の小林一三、東の五島慶太」と並び称される先見の明は、いまもって評価が高いことも付け加えておかねばならない。

黒幕 52

# 松永安左エ門

## 反骨人生を貫いた「電力の鬼」

まつなが・やすざえもん。1875～1971。東邦電力社長。長崎県壱岐市生まれ。慶応中退後、福岡の福博電気軌道の設立に参加。その後、東邦電力社長などを経て、「日本の電力王」と呼ばれた。

松永安左エ門は、慶応義塾を中退する際、福澤諭吉の記念帳に「我が人生は闘争なり」と、将来の自身の生涯を暗示するかのような言葉を残している。

福沢諭吉の『学問のすゝめ』に感動した若き松永は、地元で広く事業を展開していた親の反対を押し切って、慶応義塾に入学する。このとき福沢の薫陶を受けると同時に、福沢の養子となる福沢桃介と知り合う。この桃介との出会いが松永の生涯を決定付けることになった。

松永は桃介と商売を始めたものの、30代で鉱山経営に手を出し、財産のほとんどを失う。それでも株式投資で持ち直すと、福岡の市電（福博電気軌道）経営に参加するや、翌年には桃介とともに唐津軌道を設立。ここから松永の快進撃が始まる。

当時の電力業界は自由競争で激しいシェア戦争があったが、その後の会社が東邦電力に発展すると松永は副社長から社長になり、九州、近畿、中部に及ぶまで勢力を拡大。そして東京進出を図る。松永は東京進出のために子会社の東京電力をつくり、東京電燈と激しい覇権争いを演じた。任侠道さながらに配電室にベッドを持ち込んでの陣頭指揮を執るその姿に、「電力の鬼」とあだ名がついた。

松永のケンカ相手は電力会社だけではなかった。戦時中には政府が掲げる電力国家統制法案に対し、民間主導の電力会社再編だけでなく、戦争反対の主張をも貫いた。1933年、法案が強引な形で通過しそうになると、軍閥に追随する官僚たちに対して「官吏は人間のクズ！」と言い放った。だが、この発言により引退を余儀なくされ、埼玉県入間市の山荘に隠棲する。しかし、時代が再び松永を求めることになる。戦後、電気事業再編成審議会が発足し「国民を敵に回して耐えられるのは松永しかいない」と74歳の松永が会長に選出されたのだ。

老境に至っての再登板にも松永の舌鋒《ぜっぽう》が鈍ることはなかった。GHQを向こうに張って民営化に伴う電力会社の再編事業を推し進めるとともに、今後の発展を予測し、国民の大バッシングを受けながら電気料金の値上げを断行。のちに「大事業だった」と評価されるも、「死んで勲章・位階《いかい》これはヘドが出るほど嫌いに候」と遺言に記した。

黒幕
53

# 堤 康次郎

## 欲望を体現し続けた不動産王

つつみ・やすじろう。１８８９〜１９６４。滋賀県の農家生まれ。西武グループ創始者。24年、衆議院選挙に出馬し初当選。この頃から都市・鉄道開発に着手し、今日に至る西武グループの骨格をつくりあげた。

「堤康次郎」の名をネットで検索すれば、関連ワードで真っ先に出てくる言葉は「西武グループ創始者」ではない。それは「女」であり「妾《めかけ》」である。

堤を父とする子は多いが、たいてい母は同じでない。女であればお手伝いさんでも手を出し、「１００人の子供がいた」と言われたその飽くなき欲望は、戦後の混乱期を猛烈に生きた男の人生を象徴していると言ってもいい。

21歳で早稲田大学政治経済学科に入学した堤は、在学中から講義そっちのけで１０００人もの人を使って鉄工場を経営し、株も手がけていた。卒業後の１９２０年には「箱根土地株式会社」（のちのコクド）を設立、土地の買収に熱中する。

23年には駿豆鉄道（伊豆箱根鉄道）の強引な買収によりトラブルとなって銃撃されている。この事件によって「ピストルの堤」と呼ばれることになったが、憑《つ》かれたような買収攻勢が止まることはなかった。

避暑地の軽井沢や箱根の土地を買いあさり、旧皇族の土地を次々と入手する。さらに、大正の終わりには国立、小平、大泉学園に学園都市をつくり、分譲地をつくって売り始める。これらをわずか8年で遂行、その勢いは尋常ではなかった。

土地を安値で叩き買い、高値で売却する。そのためには衆議院選挙に立候補することもいとわなかった。国会議員となった堤は、議員としてあらゆるネットワークを使って今度は鉄道の買収を始める。鉄道事業を手に入れると同時に沿線開発を進め、現在の西武グループの原型ができあがっていく。

「国全体を考え、国民全部を幸福にするのはかかって政治にある。それで私は早くから政治を志していた」。のちに「私の履歴書」で本人はこう語っているが、日本軍の敗戦が近づいていた時期に至っても、自宅の地下に2台の電話を引き、空襲のサイレンが鳴り響くなかで延々と電話で土地売買の指示を出し続けた。その土地は戦後、現代の金額にして12兆円に化けたと言われている。

53年、衆議院議長に就任。50年代から60年代にかけ、堤の野望は「東京五輪」へ傾いていった。64年に開催される五輪に向け、プリンスホテルを建設していた矢先、東京駅の地下鉄で堤は倒れた。五輪まであと数カ月であった。

黒幕
54

# 瀬川美能留

## 清濁併せ呑む「証券業界の父」

せがわ・みのる。1906〜1991。野村證券会長。奈良県生まれ。大阪商科大学卒業後、野村證券に入社。59年に社長。児玉誉士夫との関係で知られ、戦後の証券業界の発展をデザインしたと言われる。

戦前の野村證券に入社、業界の近代化に大きく貢献し、また、同社を世界的金融機関にまで押し上げた最大の功労者と言われるのが瀬川美能留である。

その先見力は、たとえば戦後間もない頃、「これからは電力の時代だ」と直感し、いきなり中国電力に「野村の瀬川が参りました」と訪問したエピソードで知られる。信条は「人の3倍働けば勝つ」だった。まだ証券業が職業として低く見られていた時期、株式部長を務めた瀬川は一手に現場を猛烈なノルマ制と近代的な営業手法を取り入れ、そこから野村證券の社風と社格が形成されていった。

1959年に社長就任。瀬川の名を高めたのは65年の証券不況であった。ドン底に陥った業界を、東証理事会議長、日本証券業連合会（現在の日本証券業協会）の会長として、日本証券保有組合の設立などに力を尽くし、救い上げた。

あのフィクサー・児玉誉士夫とは深いつながりがあったことで知られる。その相思相愛の関係は、73年のジャパンライン株買い占め事件の仲介に乗り出した児玉が瀬川に相談をもちかけ、その謝礼として児玉が瀬川に当時で時価1100万円相当のダイヤモンドを贈ったというエピソードに表れている。良し悪しは置くとして、瀬川は総会屋や裏社会の顔役にカネを渡し、敵に回さない方針を貫いた。この体質が許されなくなる時代が来るのはもう少し後のことであった。

スポーツ界との深い交流でも知られた。「神様」川上哲治とは戦前からの付き合い。巨人の財界後援会会長を務めたほか、大相撲や柔道の大タニマチとしても知られた。長嶋茂雄の第1次監督時代、川上とともに「監督解任」のシナリオを描いたのもこの瀬川であったという。その影響力は巨人軍のトップ人事にまで及んでいた。

87年、野村證券はトヨタを抜き利益日本一の企業となった。しかし、野村にも見えない「限界」が忍び寄っていた。91年に瀬川が死去した際、野村證券は不祥事騒動の真っただ中にあった。瀬川に育てられた「大タブチ」「小タブチ」こと田淵節也、田淵義久が裏社会への利益供与で世間の批判にさらされていた。

しかし、以前から体調を崩していた瀬川は、そうしたことを知らずに亡くなったという。その死はまさに時代の移り変わりを示すものであった。

黒幕
55
# 横井英樹
## 蝶ネクタイの「乗っ取り屋」

よこい・ひでき。1913〜1998。東洋郵船社長。愛知県の貧農の家に生まれる。15歳で上京し、進駐軍の出入り商人となり成功。52年から老舗百貨店「白木屋」の乗っ取りを計画。57年に東洋郵船を創業。

独自に創業した事業を持つことなく、企業を次々と買収して成り上がった元祖「乗っ取り屋」横井英樹。この昭和経済界の怪物の生涯は、波乱に満ちている。

愛知の貧農の家に生まれた横井は天賦の商才を生かし、進駐軍相手の商売で若くして財を成した。戦後の高度経済成長下、手っ取り早くもうけられるのは土地と不動産であることに気づいた横井は、企業買収＝乗っ取りを開始する。

1953年、まず狙ったのが老舗百貨店「白木屋」。この買収戦争は抵抗する白木屋と横井がお互いに総会屋、ヤクザ、法的措置をぶつけあったことにより、こじれにこじれた。経済事件史に残るこの本格的「企業防衛戦争」は、最終的には東急グループの創業者・五島慶太が出馬し白木屋を買い取る「痛み分け」となった。

だが59年、横井はその五島と組んで東洋製糖の乗っ取りを謀る。その横井の元に、安藤組の安藤昇が債権回収代理人として登場。2000万円の返済を迫った。だが、横井の返した言葉は、こんなものだった。「なんならきみたちにも、カネを借りて返さなくてもいい方法を教えてやろうか」

その数時間後、横井は安藤組構成員に銃撃され、瀕死の重傷を負った。だが、横井は体内に銃弾が残ったこの事件さえ、自分の知名度を上げるために大いに活用するしたたかさを見せ、次々とレジャー施設を買収してはその経営に乗り出すようになる。だが、そんな不死身の怪物にも82年、大きな試練がやってきた。

経営していたホテルが火災に見舞われ、33人の命が失われた「ホテルニュージャパン事件」である。被害拡大の原因は、スプリンクラーを設置しないという横井の「ドケチ経営」。横井はさらに消火・救助活動に関わった消防隊員の買収を試みるなどして厳しく断罪され、事件から11年後、最高裁で禁固3年の判決が確定した。

だが、横井の資産への執着は、晩年も衰えなかった。

91年にはニューヨークのエンパイアステートビルを愛人の女性と買収し、のちに対立して裁判になったりしている。税務申告も長期間行わず、それが国会で問題になるほどの蓄財ぶりだった。巨額の未納税額を残したまま他界。愛人は4人、子が10人。やりたいことはすべてやりきった横井の生涯は、98年に幕を閉じた。

黒幕 56

# 瀬島龍三

## 戦後裏面史の最深部を知る男

せしま・りゅうぞう。1911～2007。伊藤忠商事会長。富山県の農家生まれ。戦中、関東軍参謀などになるが、ソ連軍の捕虜となりシベリアに抑留。帰還後、伊藤忠商事へ入社し、その後、会長・相談役に昇進。

陸軍大学校を優等な成績で卒業し、太平洋戦争下の大本営作戦参謀を務め、戦後は高度成長期に伊藤忠商事を大企業に押し上げ、さらに中曽根内閣では総理の政治参謀を務める――。

戦中戦後を通して、これほどスポットライトの当たる舞台で生きた人間は、瀬島龍三をおいて他にいないだろう。だが、その足跡はそのまま、謎に包まれた戦中・戦後の裏面史と重なる。エリート参謀はいかにして無謀な戦争に突っ走っていったのか。そして、なぜ戦後によみがえり、政財界のフィクサーとなり得たのか。多くの識者がこの問いを解き明かそうとしたが、やがてヌエのような袋小路に入ってしまう。それは瀬島が残した歴史証言が真実かどうか、検証が必要な割合が多く、常に「功」と「罪」が二律背反のようにつきまとうからだ。

たとえば、瀬島のシベリア抑留にはいくつかの疑惑があると指摘されている。

とりわけ言われるのが「実はソ連と密約があったのではないか」というものだ。これは捕虜の抑留を瀬島の側から申し出たという説で自身の復員もスパイとしてソ連に協力することを約束した、いわゆる「誓約引き揚げ者」だったというものだ。

瀬島は戦後、伊藤忠商事に入社。陸軍参謀本部をモデルにした「瀬島機関」と呼ばれた組織を率いて、繊維を扱う一商社に過ぎなかった伊藤忠を総合商社に発展させた。だが、それについても韓国やインドネシアの国交正常化に伴う巨額の戦争賠償金ビジネスを、瀬島が行ったおかげとも言われる。瀬島はデヴィ夫人こと根本七《な》保《お》子《こ》を〝生け贄《にえ》〟としてスカルノ大統領に差し出したメンバーの一人でもある。

さらに、最大の批判点はやはり、「戦時中、大本営参謀として多くの日本兵を死に追いやったのにその責任を全くとっていない」ことだろう。

中曽根内閣のブレーンを務めた第二臨調時代も、「官僚や企業人の中には、瀬島の根回しの巧みさには舌を巻いた者もいたが、半面、瀬島流の根回しは情報公開を目指す社会では極めて危険な存在とも映っていた」と評価されている。

瀬島は、2007年に95歳で大往生するまで、「戦争責任」について詳細に語ることはなかった。

## 黒幕57

# 吉田秀雄

## 日本を支配した「広告の鬼」

よしだ・ひでお。1903〜1963。電通第4代社長。福岡県生まれ。電通3代目社長が公職追放された後を継ぎ4代目の社長に。同社の哲学「鬼十則」を考案し、電通を世界最大規模の広告会社に成長させた。

「俺が電通だ」——普通なら傲岸《ごうがん》に聞こえる言葉も吉田秀雄がそう口にする分には異議を唱える者はいなかった。1947年、電通社長に就任すると財務や服務に至るまで、それまでの因習を一掃。「広告屋」と陰口を叩かれていた業界を、情報（インテリジェンス）を掌握することによって一躍メディア界の血肉に押し上げた。

その吉田が考案したのが、有名な「電通・鬼十則」だ。吉田という人間のすべてと、電通＝広告代理店のありさまがここに刻まれている。

一、仕事は自ら創るべきで、与えられるべきでない。

二、仕事とは、先手先手と働きかけて行くことで、受け身でやるものではない。

三、大きな仕事と取り組め、小さな仕事はおのれを小さくする。

四、難しい仕事を狙え、そしてこれを成し遂げるところに進歩がある。

五、取り組んだら放すな、殺されても放すな、目的完遂までは…。

六、周囲を引きずり回せ、引きずると引きずられるのとでは、永い間に天地のひらきができる。
七、計画を持て、長期の計画を持っていれば、忍耐と工夫と、そして正しい努力と希望が生まれる。
八、自信を持て自信がないから君の仕事には迫力も粘りも、そして厚みすらがない。
九、頭は常に全回転、八方に気を配って、一分の隙もあってはならぬ、サービスとはそのようなものだ。
十、摩擦を怖れるな、摩擦は進歩の母、積極の肥料、でないと君は卑屈未練になる。

この吉田の唱えた十則は、彼が社長就任時、ひとつの働き方のモデルとして海を越え、アメリカにも鳴り響いた。「広告の鬼」吉田秀雄の影響力は日本国内のみならず、世界基準でその力を及ぼしたのである。

国家的イベントや企業、政治の広告宣伝に深く関与し、メディアとクライアントの中間に立つことで日本という国の「黒幕」となった電通。だが、２０１６年に電通女性社員が過労から自殺した事件をきっかけに「鬼十則」は否定され、社員手帳からも消された。

黒幕 58

# 成田 豊

## 電通黄金時代の最高権力者

なりた・ゆたか。1929～2011。電通会長・顧問。日本統治下の忠清南道天安郡（現・天安市）生まれ。吉田秀雄の薫陶を受け93年に社長に就任。以後、約16年間にわたって組織のトップに君臨した。

吉田イズムの薫陶を受けて電通トップまで上り詰めた成田豊は、電通を世界レベルまで引き上げた最大の功労者と言える。それだけに、日本のメディアにおける成田の影響力は計り知れないものがあった。

東大法学部を卒業後、電通に入社した成田は日本各地の地方新聞の広告を取り扱う地方部に配属される。当時、毎日や朝日、それに読売などの大手を担当する中央部が電通の花形部署とも言われたが、広範囲にわたって人脈を築き上げることのできる地方部こそ出世の近道という考えも社内の有力者にはあった。

慧敏《けいびん》な成田は、いち早く実情を把握すると担当である出版広告を通じて、各地方紙はもちろん、クライアントである出版社の奥深くにも食いこんでいく。当時はまだ地方まで出版文化は浸透しておらず、地方紙の広告スペースを埋めるための営業努力は並大抵のものではなかった。

そこで成田は、自らの発案による「文化論」を持って出版社を韜晦《とうかい》し、それまで地方紙とは縁遠かった岩波書店など〝一流〟の出版社からも広告を取るなど、後の電通主導メディア戦略の嚆矢《こうし》とも言える働きを見せる。

徐々に出版社とのパイプを深めた成田は、やがて出版業界側からも信頼され、相身互いの関係となっていく。1975年、反権力が売りの夕刊紙『日刊ゲンダイ』の立ち上げには広告面だけではなく、電通地方部で培った新聞ノウハウをもとにアドバイザー的立ち位置で関わるなど、すでにメディア界のドンの萌芽《ほうが》を見せ始めていた。発行元の日刊現代社長に出向していた野間惟道《これみち》（後に講談社社長）との縁を深めたのもこのときである。

このように、自らクライアントの腹中に飛び込み、やがて主導権を握ってそのメディアに絶大な影響力を残すのは成田の典型的手法であり、現在の電通のメディア支配のひな形を創《つく》ったのである。「仕事は自ら創るべきで、与えられるべきでない」という鬼十則の一を忠実に実行したと言えよう。

長野オリンピック開会式や日韓ワールドカップなど、成田が手がけた歴史的イベントは多いが、電波を含めたメディアを腹中に置いた成田ならではの仕事だった。

黒幕
# 59

## 「最強のタニマチ」だった流通の破壊者
# 佐川 清

さがわ・きよし。1922～2002。佐川急便創業者。新潟県生まれ。57年、「佐川組」を設立。66年、「佐川急便」に改組。運送業の常識を破るシステムで業績を伸ばし、77年に全国ネットワーク網を完成。

雪国・新潟に生まれ、妻と2人でたった2台の自転車からスタートした「佐川組」を、激しいノルマで日本最大級の運送グループに育て上げた佐川清は、日本における立志伝中の人物の一人といっていいかもしれない。

佐川にまつわる伝説は数多いが、最も強烈なものは、そのカネの使い方である。佐川がスポンサードしていた政治家、芸能人、スポーツ選手は枚挙に暇《いとま》がない。彼らはどんな高い社会的ステータスにあっても、いそいそと「京都詣で」を重ね、カネを受け取りにやってきた。

ある高名な政治家は佐川の前で自ら土下座し、プロレスラーのアントニオ猪木は、大きな体を伸ばすようにして佐川の自宅の蛍光灯をいきなり掃除し始めたという。

佐川はそうした人間にほぼ際限なく対応した。いまなお佐川が「戦後最大のタニマチ」と呼ばれる所以《ゆえん》である。「カネのためなら人間、ここまで変わるものか」

佐川急便の成長は、がむしゃらな根性主義と、徹底した顧客ニーズ対応という2本柱で実現した。日曜の営業、指定時間の配達……もっとも、叩き上げの佐川にとって、創業時の自身を振り返れば、それらは当たり前のことだった。「これからは物流の時代になる。なんたって、モノが動かなければ経済は動かない」

佐川の読みは正しかった。しかし、ひとつだけ判断を誤ったのはカネの力を大きく見積もりすぎたことだった。

1992年、東京佐川急便事件が発覚する。東京佐川の渡辺広康社長らが、稲川界の石井隆匡《たかまさ》会長らに1000億円もの融資や債務保証をしていたことが明らかになった。

自民党・金丸信副総裁も5億円の受領を認め辞任した。佐川が融資、あるいは担保する形で政界に流れたカネは2000億円とも言われる。しかし、それが具体的にどのような形でこの現実世界に残ったのか。いまなお誰もうまく説明できないままである。

事件後、これまで、佐川のカネにひれ伏した政治家や芸能人が一斉に北を向いた。佐川は証人喚問を求められたが拒否し、この世を去るまで何も語らなかった。

黒幕 60

# 福本邦雄

## 「画商」という名のフィクサー

ふくもと・くにお。1927～2010。フジ・インターナショナルアート社長。神奈川県生まれ。65年、画廊「フジ・アート」を設立、絵画ビジネスを通じ、情報と政治資金の橋渡し役をするフィクサーに。

バブル時代、絵画を利用した資金洗浄業者として政財界で暗躍した福本邦雄。政権の深部に食い込んで自民党を操った「政界最後のフィクサー」と呼ばれた。

福本の暗躍は、バブル期以前より始まっていた。官房長官・椎名悦三郎秘書時代の1960年、安保闘争における東大生・樺美智子の死亡事件で、岸信介首相に政府声明を出すことを提案し、かの渡辺恒雄にその声明を書かせたと言われているのが福本だ。

そして65年、福本は画廊「フジ・アート」を開く。職業は「画商」だったが、そこから政界のフィクサーとしての本領を発揮していく。

竹下登、渡辺美智雄、安倍晋太郎、中曽根康弘、宮沢喜一、中川一郎――福本は当時「ニューリーダー」と呼ばれた若手政治家たちとの人脈を深め、彼らの政治団体〝すべて〟の代表を務めるまでに至ることで、自民党の裏のキーマンとして名を轟《とどろ》かせたのだ。そこには「定価」のない美術品である絵画を利用したマネーロンダリング術による「カネのバラまき」があった。

政治資金洗浄のカラクリはこうだ。企業が画商から絵を数点購入する。画商は領収証を発行して企業に納入するが、うち数点を秘かに政治家に渡す。

この間に絵は値上がりする。そして政治家は必要に応じて絵を売って政治資金を捻出する――。この巧妙な手法によって、バブル期に福本は途方もないカネを「名画」として政治家や官僚にバラまき、自民党の「裏の総裁」として清和会中心の支配体制をつくっていった。

だが、そのツケは回ってきた。竹下政権の成立に絡んで40億円とも言われるカネが動き、竹下の秘書が自殺するという悲劇を生んだ「金屏風事件」での疑惑、そして2000年の中尾栄一建設大臣収賄事件では、ついに共犯者として逮捕されるに至る。

「政界と財界なんて狸と狐の化かし合いだよ」。そう嘯《うそぶ》いていたという福本は、結局、起訴猶予となり保釈されることになる。2010年、福本は何も語らないまま他界した。「政界最後のフィクサー」の謎はいまだ残されている。

黒幕 61

# 叩き上げの「サラ金の帝王」 武井保雄

たけい・やすお。１９３０〜２００６。「武富士」創業者。埼玉県深谷市生まれ。66年に武富士の前身となる富士商事を設立。高金利時代に大きく業績を伸ばし、日本一の消費者金融に育て上げる。

昭和の時代に栄華を極めた消費者金融大手には必ず、名物創業者がいる。最大手の武富士もまた「ドン」と呼ばれた男がいた。武井保雄である。

埼玉県深谷市で生まれた武井は、刺青《いれずみ》、バクチ、ケンカをするなどアウトローの道を歩んだ。１９６０年代に入り、武井が着目したのは貸金業だった。

団地を外から眺め、洗濯物の状況などから、家庭の生活状況とライフスタイルを推理。あとは徹底したビラ・チラシ作戦で顧客を取る。カネに厳しい武井の「才能」が開花した瞬間だった。高金利時代のサラ金は面白いほどもうかった。定期的なバッシングはあったものの、カネを借りたいという人がいなくなることはない。

会社が大きくなっても「武富士」はあくまで「武井商店」であった。街角でのティッシュ配りや、武井の写真に向かってのあいさつ——合理性と非合理性が一体となったまま、時代の波に押された武富士は成長を続けていく。

「3倍遊ぶために3倍働け」。これが武井イズムだった。

当時、ビジネスとしての消費者金融は、非常にうまみの大きいものだった。40％以上の金利をつけることができたほか、顧客のホワイト情報を蓄積・共有することで、自動的な与信が可能になった。誰もがボタン一つで貸し倒れのない適正金額を探し当てることができる。こうなれば、あとはもうかるだけである。

96年には念願の株式上場。あれほどサラ金をばかにしていた銀行が、不良債権処理に苦しみ頭を下げて「手を組まないか」と誘ってきた。武井がわが世の春を謳歌《おうか》したのはこの頃である。

だが、武井は落とし穴にはまる。あまりの「裸の王様」ぶりを批判する内外の声の大きさを見誤った。武井は批判的な記事を書いたジャーナリスト宅の盗聴を命じる。この違法行為の発覚で、ドンは表舞台から退場した。父の爪の先ほどの迫力もない息子に経営を任せようとしたが内部からの反発が起こり、軋轢《あつれき》を生じさせた。

2006年、ドンは執行猶予の期間中にひっそりと死去した。法改正により、武富士は取りすぎた利息の「過払い返還訴訟」地獄に巻き込まれ、ついに消滅した。

それはあっけない最後だった。

黒幕
62

# 船井幸雄

関西コンサルタントの重鎮

ふない・ゆきお。1933〜2014。船井総合研究所創業者。大阪府生まれ。70年、日本マーケティングセンターを設立、経営コンサルタント業に。常識を覆す「地域一番店戦略」で急速に顧客を増やした。

関西財界で最も有力な経営コンサルタントのひとつ「船井総合研究所」は、京都大学農学部出身の船井幸雄が1970年に設立した「日本マーケティングセンター」を前身とする。当時、総会屋と同一視されるコンサルタント業界のなかにあって、船井は経営者のあり方と具体的なビジネス戦略を同時に提供する方法で関西財界経営者の心をつかんだ。

新進気鋭の船井の名を有名にしたのが「地域一番店戦略」である。これは70年代に主流だった、同じく経営コンサルタントの渥美俊一が唱えた「チェーンストア理論」の対局をなす、「質を守ったほうが結局は成功する」という小売り戦略である。

これは多くの地域小売業者に支持され、「東の渥美」「西の船井」と称された船井が担当した会社は、3500社を超すと言われている。

地域密着型の中小企業のみならず大手百貨店も船井の「地域理論」をもとに業績

を伸ばしていったことから、小売業の名コンサルタントとしての名声を高めていく。

また、ベストセラーにもなった『百匹目の猿』現象の提唱も忘れてはならない。『百匹目の猿』とは「最初の1匹が始めた賢い行動が集団の中に広がって、新しい知恵や行動形態として定着したとき、その行動は時間や空間を超えて広がる」という理論であり、農学部出身者らしい船井の着眼だと言えるだろう。これは経済界のみならず日本中に大きなブームを呼び、船井の名声を決定的にした。

半面、その晩年は大麻解放を訴えたり、「偉大なる創造主（サムシング・グレート）は存在している」と繰り返し語るなど、スピリチュアルに傾倒して「宗教がかっている」と揶揄《やゆ》されることも少なくなかった。そうした声は船井自身にも届いていたようで、最晩年に船井は雑音を打ち消すように自身のサイトでこう述べている。

「いまの世の中は、スピリチュアルなこととか食とか遊びなど、どうでもいいことに浮かれている人に、かなり焦点が当っています。一度そのようなどうでもいいことは忘れ、現実人間にもどってほしいのです」

単なる夢想家ではなく、その根底に流れていた「実利を忘れない」商売人としての血こそ、船井が根強く支持された理由だった。

黒幕 63

# 江副浩正

## 竹下内閣を崩壊させた「東大卒」ベンチャー

えぞえ・ひろまさ。1936〜2013。リクルート会長。愛媛県生まれ。東大卒業後、株式会社大学広告を設立。これがリクルートの前身に。88年、リクルート事件が発覚。竹下内閣は退陣を余儀なくされた。

1988年に発覚した「リクルート事件」は、結果的に日本の政治史の流れを大きく決定付けた意味の大きい汚職事件になった。

疑惑を最初に報じたのは朝日新聞だった。値上がりが確実視されたリクルートコスモス株を、90人以上にわたる政治家に譲渡していたのは、当時、ビジネス界で注目を集めていた江副正浩リクルート社長だった。

江副が株を譲渡していた実際の時期は84年から85年にかけての時期。江副はまだ37歳の青年社長だった。85年10月に株が公開されると、予想通り値上がり。のちに総理になる森喜朗は1億円以上の利益を得ていたことが分かっている。

会社の成長のための先行投資、地ならし的な意味合いのあったこの株譲渡事件においては、有力政治家の「汚染」が続々と発覚。竹下内閣の退陣、竹下秘書の自殺という事態を引き起こしている。

江副は東京大学時代、東京大学新聞で広告営業を学んでいた。そこで、これからの時代のビジネスチャンスがここにあると直感した江副は、大学を卒業するなり会社を立ち上げた、ベンチャーマインドあふれる青年であった。

仕掛けることが好きな江副は、リクルートの社員を国会議員の秘書として派遣し、人脈を結ぶという手法も編み出していた。そのことが、これだけ多くの議員の手に株が渡る背景となったわけである。

江副がこのとき、国会議員らに具体的な見返りを期待していたかどうかと言えば、そこまではなかっただろう。リクルートをよろしく、という名刺代わりの「あいさつ」だった。しかし、こうした「根回しの良さ」こそ、黒幕的人物の特徴でもあり、事件がなければ、江副は「平成の大黒幕」として君臨していたかもしれない。

この事件によって、一時的には激しいイメージダウンを余儀なくされたリクルート社であったが、そのままつぶれることはなかった。むしろその後、リクルート出身者のポテンシャルの高さが再評価されたと言ってもいい。

執行猶予付き有罪判決が確定した江副は、悠々自適の生活を送り、自身の手記を発表した後、2013年に死去している。

# 黒幕 64 アマチュアスポーツ界の黒幕 堤 義明

つつみ・よしあき。1934〜。西武鉄道グループオーナー。起業家・堤康次郎と内縁の妻の間に生まれる。帝王教育を受け、早大を卒業後の64年に康次郎が死去すると、コクド・西武鉄道グループを継承。

長らく眠っていた獅子が再び動き出した……そんな気配すら感じさせたのが、２０１３年６月、堤義明のＪＯＣ最高顧問への就任だった。

父・康次郎から徹底的な帝王学を学んで育った堤義明（以下堤）は、父の後を継ぐと典型的なトップダウン方式の手法でバブル期を中心に西武グループを日本屈指の企業体へと押し上げた。

堤のスポーツへの肩入れは顕著で、大洋ホエールズ（現横浜ＤｅＮＡ）の株式保有、横浜球場の建設はのちに西武ライオンズの経営へと発展する。しかし、堤のギラつく野望が垣間見えるのは、特に力を入れた冬季スポーツを通してである。

アイスホッケー、スキー、アイススケート……これらスポーツへの堤の貢献が大きいことは間違いないが、その貢献は自らのグループ企業の発展とも表裏一体であった。軽井沢のスケートリンクを手始めに、各地にスキー場を持つ西武グループにしてみれば、冬季スポーツが国民に普及し人気を得ることは、そのまま莫大な利益につながることにもなる。その集大成が1998年の長野五輪であったことは言うまでもない。まさに企業人としての絶頂期を迎えたのもこの頃であった。

福田赳夫以来の清和会ルートも、堤の強力な武器のひとつだ。福田赳夫は堤の結婚式の媒酌人で、事務所は西武系列のプリンスホテル内にあった。森喜朗、福田康夫は同じ早稲田大学出身という関係。福田康夫は麻布高校の2年後輩でもある。

だが、2004年に起きた総会屋への利益供与事件を皮切りに、堤の人生は暗転する。05年、インサイダー取引によって東京地検特捜部に逮捕され、西武グループの表舞台から姿を消したのはご存じの通り。堤は一般株主から起こされた訴訟の賠償費用を捻出するため、堤家の資産管理会社が保有していた西武ホールディングスの株を売却しなければならなかった。

その堤が、JOCの最高顧問として再び表舞台に立った理由は、20年オリンピックの東京開催実現のためであった。長野誘致で実績のある堤のIOC人脈は他の追随を許さず、JOCは堤を頼った。そして実際に、思惑通り20年の東京五輪誘致は成功したが……。

黒幕
65

知られざる京都のフィクサー

# 山段芳春

さんだん・よしはる。1930～1999。キョウト・ファンド会長。京都福知山生まれ。進駐軍の諜報機関で活動。その後、京都放送、京都新聞、警察、検察、会津小鉄まで睨みを利かせる「京都の黒幕」となった。

実力者・野中広務の地元としても知られる京都であるが、昭和から平成にかけ、この古都を真に支配した男、それが山段芳春である。山段の詳しい生きざまに関しては、書き残されている情報が圧倒的に少ない。京都という土地柄にも関係しているのだろうが、それは山段が本当に「隠然たる」実力者だったことを示している。

唯一の文献ともいえる、秘書・安川良子の著書『黒幕といわれた男』のなかで気になるのは、山段が元警察官だったという内容だ。

福知山で生まれた山段が京都へ出たのは17歳のときのこと。

警察官を志した動機は、かつて土蔵破りの犯人と疑われ事情聴取された経験があり、屈辱と無念を感じたことがきっかけだったという。戦後間もない京都で警察官になった山段は、そこでソ連からの引き揚げ者の思想調査をする仕事に就いた。

捕虜になった人たちが、どこまで洗脳されているかを確かめる仕事である。

舞鶴港の船に乗り込み一人ひとり面接する――この仕事が山段の「特殊な才能」を引き出し、彼を稀有《けう》の情報通にしたのではないか、と著者の安川は推測している。

山段の「京都支配」は地元の京都信用金庫との出会いから始まる。山段は、京都信用金庫のバックアップを受け、京都におけるさまざまな「金融機関が解決できない裏問題」を請け負う会社「キョウト・ファンド」を設立した。1970年のことである。この会社が、その後の山段の「権力の源泉」となっていく。

他の地域には見られない独特の閉鎖性をもった京都で、山段を頼る人間は少なくなかった。山段のもとには京都中のトラブル情報が入るようになり、それはすなわちカネになった。やがて山段は市政、新聞、テレビ、金融、同和問題ほか、すべてに顔が利く実力者へとのし上がっていく。

だが、バブル時代に許永中ら後のイトマン事件の主人公となる人物らと関わったことで、山段は肝心の資金繰りに苦しむようになり、急速に力を失う。

頼みの綱であった京都信用金庫も最後は手のひらを返し、山段の時代は終わった。

1999年、かつて籍を置いた京都府警が山段の逮捕状を取った翌日、「京都のフィクサー」は病院で息を引き取った。

黒幕 66

# 浅田 満

## 巨額の富を握った食肉のドン

あさだ・みつる。1938〜。ハンナングループオーナー。大阪府羽曳野市生まれ。生家も食肉卸。中学中退後、大阪の食肉小売店に奉公に出る。67年、実家の浅田商店を阪南畜産に商号変更し取締役に就任。

２００４年に発覚した大がかりな食肉偽装事件。長きにわたった裁判の末、16年、ハンナングループの元オーナー・浅田満に実刑７年という厳しい判決が確定した。偽装牛肉を利用して、国から補助金を詐取しようとした事件。一審判決を前に言い渡された、浅田に対する保釈金はなんと20億円。これは日本の保釈金ランキングの断然の１位であり、それはそのままこの事件の「闇の深さ」を象徴している。

浅田は、大阪の食肉卸を営む家に生まれた。中学を中退して大阪の食肉店に奉公に出るなど、少年時代から「肉の世界」を見続けてきた叩き上げである。

そこで浅田は、この業界の仕組みとルールをすべて理解してきた。

浅田の名が初めて新聞紙上をにぎわせたのは、いまから38年前の１９８７年である。業界で言う「肉コロガシ」という手法で年間５億円もの利ざやを稼いでいた。

簡単に言うと、安く配分される肉を大量に買い、その肉が買えない業者に割り増しの値段で売りつけるというもの。このとき浅田が使った政治家への賄賂資金はわずか６００万円に過ぎなかった。

ほんの少し政治を動かすことで多大なうまみが生じる業界――浅田がその後も同種の犯罪を繰り返したことは、この世界に遵法《じゅんぽう》精神が根付いていないことを示唆している。未熟な法整備は肉の世界を知り尽くした者にとっては穴だらけということだ。

ブラックボックスに入っている食肉の世界。そこに集まるカネに群がったのは、政治家であり、暴力団であり、同和団体だった。

鈴木宗男、中川一郎、太田房江、松岡利勝、松山千春、八角親方、そして渡辺芳則……オモテとウラの住人たちが交錯する。

87年、浅田が逮捕されたとき、警視庁の捜査員は年商３０００億円をはじきだすグループのトップが、字を満足に書けなかったことに驚かされたという。取り調べと並行して、捜査員が漢字を教える毎日。調書にサインする日、浅田は生まれて初めて漢字で自分の名を書き、声を詰まらせて話した。「ありがとうございました」

あれから30年。「食肉のドン」と呼ばれた男は２０１６年、刑務所に収監された。苛烈な戦後を生き抜き、素手でのし上がった男は、その時、何を思ったのだろうか。

## 黒幕 67

# 糸山英太郎

## 叔父・笹川良一との蜜月関係

いとやま・えいたろう。1942〜。新日本観光会長。東京生まれ。父と笹川良一が友人だった関係から、笹川の姪と結婚し閨閥（けいばつ）を形成。74年の参院選に出馬し初当選。その後、衆議院議員となるが、96年、辞職。

相場師、政治家、経営者と多方面に多彩な顔を持ち、自らを〝怪物〟と称した糸山英太郎。1973年に『怪物商法』というタイトルの本を出版、本はその年のベストセラーとなり、一躍名前が世間に知られたが、本の内容は株の仕手戦に勝利してきたというお決まりのサクセスストーリーであった。出版は参院選（74年に出馬）のための工作だったと一部で揶揄《やゆ》されたが、選挙ともなれば何でもありの世界だ。糸山風に言えば、誰でもやっていることをより派手にやっただけである。

糸山は自分自身を「親の七光」どころか、「二十一光」と言ってはばからない。自分を生んだ父親は69年の長者番付日本一になった新日本観光オーナーの佐々木真太郎、岳父は笹川了平（日本のドンと言われた笹川良一の弟）、そして叔父の笹川良一、3氏で合計「二十一光」だと言うのである。

しかし、このように言い切れるというのも、糸山自身に強い誇りと自信があってのことだろう。彼の人生を覗《のぞ》くと、単に金持ちのボンボンとは言い切れぬ苦労の足跡が見て取れる。

4歳のときに疫痢《えきり》に罹《かか》り、虚弱体質で小学校はいじめに遭う毎日だった。中学に上がると生き方が逆転、糸山は手のつけられない不良になった。19歳で日大に入学するも恐喝事件を起こして中退、その後も決して順調とは言えない人生が続く。

株の仕手戦史上、有名な中山製鋼所株では、29歳だった糸山が日本一の相場師と言われた近藤信男を相手に、勝利はしたが、「血の小便を流す」ほどに苦戦する。

74年の参院選に初当選した折、糸山陣営に大規模な選挙違反が発覚、岳父の笹川了平は初犯にもかかわらず実刑判決を受けた。

この強引な捜査の裏には競艇利権をめぐる田中角栄と叔父笹川良一の対立があったとも言われる。親の七光は「七暗闇」にもなるということだ。糸山は96年に政界を引退し、その後は湘南工科大学理事長に就任、大株主としてフィクサーぶりを発揮するようになる。2008年7月、テレビ東京の女性記者とみずほFG最高幹部の不倫が発覚した際、糸山は「何の言い訳もできない」と厳しく断罪したが、自身もかつて、未成年女性の買春疑惑があった。

黒幕 68

# 孫 正義

## 日本の「ミスター・ベンチャー」

そん・まさよし。1957～。ソフトバンクグループ会長兼社長。在日韓国人の実業家の次男として佐賀県鳥栖市に生まれる。カリフォルニア大学バークレー校卒業後、福岡県で日本ソフトバンクを設立。

携帯電話事業や人気プロ野球球団を有するソフトバンクグループの総帥、孫正義。このカリスマも、いまから30年前は成功を夢見る一人の若者に過ぎなかった。

孫正義の非凡さは、アメリカ留学時の大学検定試験の際に見られる。試験問題を見て「この問題は日本語なら解けるはず」と、辞書の貸し出しを試験官に要求した。試験官は上司に相談、さらに上司はその上に、そのうち最後はカリフォルニア州知事にまで電話が回り、孫は州知事と電話で交渉したという。

このエピソードに孫のすべてが読み取れる。既成のルールの不備をつく。交渉する。あきらめない。最後は勝利を勝ち取る。あの童顔で相当に強引、状況を突破する力が並外れているのである。

事業のスタートは孫とアルバイトの2人だけだった。

創業の日、りんご箱を置いて、その上で熱っぽく演説したという。

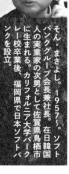

「将来は売上高1兆円だ。世界一の会社を目指す」。24歳の青年が思いつめたようにブッたものだから、たった一人のアルバイトは間もなく出社しなくなった。

この創業時以来の大言壮語は、現在も変わらないという。不思議と人の心をとらえ、孫と会ったほとんどの人間は、彼の語る言葉と熱に胸を打たれるという。

携帯電話事業が本格化する前までのソフトバンクは、ソフト販売が主力だった。その後、孫の事業はパソコンで言えばハードやソフトのメーカーにはならず、流通インフラ方面に集中している。その理由は孫一流の合理主義から来ている。

ハードやソフトのヒット商品は世界的に大きな注目を浴びるが、それだけに開発競争は激しくなる。しかし、流通インフラを握っていれば、ヒット商品に左右されることはなく、長期にわたって安定的な収益が得られるはずと考えた。

そして、その孫の読みは見事に当たった。

孫の成功の後、何度かベンチャーブームが到来し、かつての「ベンチャーの雄」も、いまでは成功を手にした「元・ベンチャー王」に祭り上げられた感がある。しかし、物事に風穴を開けることに異常なまでの執念を燃やす孫イズムの信奉者はなお多く、日本にそれまでなかった起業家精神の風土を持ち込んだ孫の功績は大きい。

黒幕 69

# 「10年に一人」の大物次官 斎藤次郎

さいとう・じろう。１９３６～。大蔵省事務次官。大連市出身。東大法学部卒業後、大蔵省に入省し主計畑を歩む。若手時代の異名は「デンスケ」。大蔵官僚として数々の政局を演出し、93年に事務次官に就任。

日本の官僚社会で最も強大なパワーを持つのは誰か。そのひとつの答えは財務省事務次官、かつての大蔵省事務次官である。

旧大蔵官僚は数万人の国家公務員試験の受験者のなかの上位１００人の得点者のなかから厳選されるという、エリート中のエリート。そして、そのなかから、たった一人だけがトップに上り詰めることができる。それが財務次官である。

斎藤次郎は「10年に一度の大物大蔵次官」と呼ばれた、霞が関の伝説上の人物である。満州に生まれ、東京大学法学部を卒業後、１９５９年大蔵省入省。正統派エースが配属される主計畑を歩み、主計局長を経て93年、事務次官ポストに駆け上がった。

麻雀で「デーン」と上がることから「デンスケ」と呼ばれた斎藤は、省内に「斎藤組」なる一派を形成。そして、そのデンスケと手が合ったのが、当時自民党幹事長だった小沢一郎であった。斎藤は政治を動かす喜びを覚えてしまった。

消費税導入の勢いそのままに、宮沢内閣で増税構想をブチ上げると、細川内閣でも「国民福祉税」構想を展開。自民党が下野し、不安定な政治状況のなかで、斎藤がガッチリとその手に「天下」を握ってしまったのである。

しかし、これを苦々しく見ていたのは自民党の実力者、野中広務だった。94年に自社さ連立の村山内閣が誕生すると、強大な存在になりすぎた斎藤つぶしを始めた。この後すぐに、バブルの傷跡・住専問題がめくれ、斎藤とその一派は不遇をかこつことになる。政治家であれば、失脚した後に手を差し伸べる人はいない。

だが、霞が関の論理では「10年に一度の大物次官」をぞんざいに扱うことは許されない。斎藤には、大物次官としては格下だが、批判をかわせる天下り先（東京金融先物取引所）が用意された。

斎藤は、仇敵・橋本派の公務員改革を横目で見ながら、果たせなかった政治への思いを持ち続けた。2007年、当時の福田総理と小沢一郎は、まさかの「大連立構想」を模索したが、霞が関を驚かせたのは、一部に「斎藤次郎がこの会談の黒幕」と報じられたことだった。かつての大物次官はまだまだ死んでいなかった。

黒幕
# 70
# 武藤敏郎
## 小泉政権を仕切った霞が関の帝王

むとう・としろう。1943～。財務事務次官。埼玉県生まれ。開成高校から東京大学に進学し、卒業後に大蔵省入省。人材ぞろいの「昭和41年入省組」のなかでもひときわ安定感を見せ事務次官に昇格。

２０１５年、東京五輪の「エンブレム問題」が勃発したことは記憶に新しい。採用されたデザインが、海外作品の模倣ではないかという指摘が相次ぎ、東京五輪組織委員会は釈明に追われることになった。

その記者会見で、当該のデザイナーが不在のなか、マスコミの厳しい質問に対し、たった一人で的確かつ堂々と対応した男がいた。大会組織委員会事務総長の肩書をもつこの男こそ、「ミスター大蔵省」と呼ばれた元財務事務次官、武藤敏郎である。

開成高校から東大に進み大蔵省入省という「花の41年入省組」。国家公務員試験の席次は2位。ちなみに1位はやはり大蔵省に入省し、後に「ノーパンしゃぶしゃぶ」「接待キング」と批判され大蔵省を追われた長野厖士《あつし》・元証券局長だった。

武藤は在学中に司法試験にも合格。そして妻の父は大蔵省の大先輩にあたる橋口収・元国土庁事務次官というサラブレッド。ライバルが次々とスキャンダルで脱落する事情もあったが、00年に大蔵省事務次官の座を射止めた（その翌年から「財務省」になる）。通常で1年、よっぽどの大物次官で2年という次官の任期だが、武藤は2年半にわたり次官の座にとどまった。

小泉政権が誕生した武藤の次官時代、霞が関ではこんな言葉が流行した。「武藤総理、小泉報道官」。それはひとことで政権の本質を言い表していた。

武藤は日銀副総裁に転身。これは財務次官の天下りポストとしては最高である。当然、次期日銀総裁を含んでの人事だ。だが、ここでも「力を持ちすぎた官僚」を警戒する政治勢力が動いた。08年3月、福井日銀総裁の後任人事で、野党は強硬に「財務省出身者」である武藤の総裁就任を拒否。民主党代表は因縁の小沢一郎である。武藤は財務事務次官、日銀総裁という「二冠」の達成を果たせなかった。

武藤の日銀総裁就任が幻になったことは、かえってその「実力」を内外に示す格好になった。政治の振り付けどおりに動く日銀総裁であれば、政治家がこれだけ抵抗するはずもないからである。もっとも、武藤はその後も政財界の最深部にとどまり、古巣の財務省にも発言力を残すほか、東京五輪の事務方幹部として、スポンサー企業からの集金というミッションを請け負う立場になった。

黒幕 71

# 佐々淳行

## 中曽根政権を支えた警察官僚

さっさ・あつゆき。1930～2018。初代内閣安全保障室長。東京都生まれ。東大卒業後、警察庁に入庁。警備畑を進み、安保闘争やあさま山荘事件の鎮圧を指揮。70年の三島由紀夫事件も担当した。

日本における「危機管理」というジャンルの土台づくりに大きく貢献したのが元警察官僚の佐々淳行である。

後藤田正晴や中曽根康弘とは極めて関係が深く、1986年に新設された内閣安全保障室の初代室長に抜擢《ばってき》されている。

佐々家は戦国武将・佐々成政の末裔《まつえい》で、佐々淳行の父は熊本出身の政治学者、元参議院議員の佐々弘雄である。

東京大学法学部を卒業後、54年に警察庁に入庁。安保闘争、さらに過激派によるテロ事件が頻発した時代、佐々は警察庁で危機管理のスペシャリストとしてキャリアを重ねていくことになる。

70年に作家・三島由紀夫が市谷の自衛隊駐屯地に立てこもった際、佐々は面識のあった三島の「説得係」として現地に急行している。当時の警察庁長官は後藤田正晴。そして防衛庁長官は中曽根康弘。このとき佐々の説得はならず、三島は割腹自殺を遂げた。

日本中の耳目を集めた72年の「あさま山荘事件」でも、警察庁警備局に所属していた佐々は現場指揮を担当。のちに激しい攻防戦の内幕を明かしている。

佐々は日本が後れを取っていたテロ・ハイジャック対策、国家的な危機に対する対応を海外に学び、体系化したノウハウとして日本に根付かせる一方、歴代の内閣に「危機管理」の重要性を説き、具体的情報を提供することによって、次第に政治力を帯びた「黒幕官僚」となっていく。

77年の「ダッカ事件」において、当時の福田赳夫総理大臣は犯人グループの要求を受け入れ、拘束中の赤軍メンバーを釈放したが、佐々はこうした対応を厳しく否定した。

「テログループの要求には一切応じないことが大原則」という世界基準を説き、その後の政権の危機管理のあり方に大きな影響を与えた。危機管理ミスがあれば、一発で政権が崩壊するような時代に入り、いやが上にも「情報力」と「危機対応能力」の価値が高まる。それをいち早く見抜いていたのが佐々であった。

佐々には常に政界転身説がついてまわったものの、本人は選挙に出馬することはなかった。官僚のなかの官僚は、日本において政治家が官僚に操られていることを知り抜いているというが、佐々もまた、政界の深奥を知り得たゆえに「政治家」という職業に魅力を感じられなくなっていたのかもしれない。

第五章

# 文化・思想・芸能・スポーツ界の黒幕たち

## 黒幕 72

# 池田大作

### ７００万票を握った「平和の使者」

いけだ・だいさく。１９２８〜２０２３。創価学会名誉会長。東京・荏原郡（現・大田区）生まれ。47年に創価学会入信。戸田城聖・創価学会第２代会長の信望を得て実績をあげ、60年に第３代会長に。

「閣下、光栄です。うれしいです。政治家でなくて庶民の王者と会ってください。庶民は大事です」

２００７年4月12日、来日した中国の温家宝首相（当時）と会談した池田大作・ＳＧＩ会長は、握手の際にこのように語りかけた。

30分の会談のうち冒頭の５分がメディアに公開されたが、池田の一般メディアへの登場は14年ぶりという異例の出来事であった。

つまり、ほとんどの人が「動く池田大作」を初めて見たのである。

池田が「庶民の王者」かどうかは置くとして、ここでの池田発言の趣旨を素直に解釈すれば、政治家ではない庶民の代表者と会ってくれたことに対する感謝の気持ちということになる。

しかし、温家宝首相を「庶民とも会う気さくな人」であると思った日本人はいないだろう。

池田大作が政治家以上に政治的な人物であること。そして、当時安倍首相（第1次政権当時）の靖国神社参拝問題をめぐり、参拝に反対する公明党と友好関係をアピールすることで、日本側の動きを牽制しようとする中国側の思惑が明らかだったからである。

池田大作は、知られるように創価学会1200万会員の頂点に立つ男である。すでに公明党との融合が進んでいる自民党は、公明党支持母体の創価学会を無視したり批判することはできない。公明党が限られた議員数で政権のキャスティングボートを握り続けるこの（創価学会にとっての）理想状況は、すでに20年以上続いていることになる。

池田大作版「カリスマへの道」は、1956年に元プロ野球選手で大阪支部長だった白木義一郎を学会員として初めて国会議員に当選させたこと。そして、翌年の補欠選挙で、公職選挙法違反容疑で逮捕されながらも「弾圧に打ち勝ち」無罪になった（大阪事件）一件に始まるとされる。

その後展開した「折伏《しゃくぶく》大行進」でも、庶民の味方を謳《うた》い文句に会員数を飛躍的に増加させ、池田は「若きカリスマ」として不動の地位を固めた。集金システムの構築にかけては天才的で、65年に実施した正本堂（72年完成、98年に解体）建設のため、供養金を3日間で355億円集めた逸話はいまなお語り草である。

## 両極端な評価が併存する池田大作

人となりについては、「カネと権力の亡者」と悪く言う人と「崇高な宗教家」と良く言う人の両極端しかおらず、客観性のあるエピソードが少ない傾向にあるが、これはとにかく池田が外部の取材を受けないことによることが大きいだろう。だが、権力への志向性が強かったことを指摘する声は大きい。

「池田会長は、モダンな本部応接室のアームチェアーにアグラをかき直すと、煙草を一服し、静かに、そして激しい語気でいった。『私は、日本の国王であり、大統領であり、精神界の王であり、思想文化一切の指導者・最高権力者である』」（高瀬広居『人間革命をめざす池田大作―その思想と生き方―』１９６５年）

一方、創価学会のホームページからもひとつ。

「１９７４年、第一次訪中の折、一人の少女が池田に尋ねました。『おじさんは、何をしに中国に来たのですか?』。池田は即座に『あなたに会いに来たのです!』と答えました」

池田大作は2023年11月15日に亡くなった。池田の晩年は、「Xデー」も囁《ささや》かれ、その後の創価学会がどうなるか、一般メディアはその日を戦々恐々として迎えた。しかし、大きな混乱もなく、政権の移譲はスムーズに進んだようだ。

しかし、池田大作が大々的に広宣流布を唱え、学会員を拡大していた頃の勢いは、もういまの創価学会にはない。

相変わらず、巨大組織であるがゆえに、自民党が公明党の持つ創価学会票をあてにせざるを得ない状況は変わらないが、その集票力も徐々に弱くなっているようだ。池田大作というカリスマが亡くなった創価学会は、静かな衰退に向かっていくのだろうか。

黒幕
73

# 安岡正篤

## 自民党の「帝王学」ブレーン

やすおか・まさひろ。1898〜1983。陽明学者。大阪府生まれ。幼少の頃より秀才の誉れ高く、東大卒業のときに執筆、出版された『王陽明研究』が大きな評判を呼ぶ。金鶏学院を創立して多くの心酔者を得る。

「歴代総理の指南役」と言われた安岡正篤は、いつも「いかにも漢学者」という風情を漂わせていた。東京帝国大学法学部に学んだエリート。戦前は右翼理論家、陽明学者として若くして名をなし、戦後は政界上層部の指導者として知られた、いわば品格のある黒幕である。

　そんな日本の超VIPが、晩年にあの細木数子と「入籍」する騒ぎがあった。得体の知れない占い師と再婚したという大きなスキャンダル。この顚末《てんまつ》は週刊誌の格好のネタともなったが、安岡が主宰していた全国師友協会や安岡信者の政財界グループ内では完全に公式の歴史から消されている。スキャンダラスな話題もあったが、生涯官位に就くこともなく、一介の素浪人を通した安岡の過去は異彩を放っている。

　戦前右翼の教組として知られる北一輝や大川周明でさえ、安岡には一目置いていた。北は初対面の安岡の印象を「彼こそ王者の師だ」とベタぼめしたと伝えられている。こんな調子で戦前は、近衛文麿から東條英機まで、戦後は吉田茂から中曽根康弘まで歴代総理の指南役として、内閣の奥深く安岡の影がつきまとっていく。

総理の言葉として発せられる施政方針演説はたいてい、安岡の推敲《すいこう》がかかっていたという逸話も残されている。

田中角栄が総理退陣時に表明した「沛然《はいぜん》として大地を打つ豪雨に心耳《しんじ》を澄ます思いであります」という言葉は安岡の監修によるものだったし、池田勇人の「宏池会」や「平成」の元号も、この安岡の命名、考案によるものとされる。

安岡には、一般にイメージされる黒幕とは異なる宗教的教組のような一面もあったと言われる。たとえば戦前なら陸軍と海軍、戦後なら福田赳夫と田中角栄という相対立する権力の双方を丸め込んでしまう霊力のようなものを有していた。人事や利害の調整をする単なる政界フィクサーではなかったということだ。

まさに「王者の師」として歴代総理を手なずけていたことを否定する者はいない。安岡の死後、彼のつくった「師友協会」は遺言もあり、解散した。生前、安岡は「原木は永久に残すことはできない。原木の形態を無理して残すようなことはするな」と語っていた。

黒幕 74

# 川内康範

## 日本の元祖マルチクリエイター

かわうち・こうはん。１９２０～２００８。作詞家・作家。北海道生まれ。本名は川内潔。41年、中河与一主宰の『文芸世紀』に「蟹と詩人」という戯曲を発表し作家の道へ。小説のかたわら流行歌の作詞も行った。

２００７年の芸能ニュース「おふくろさん騒動」はいまだ記憶に新しい。

歌手・森進一が「おふくろさん」の歌詞に独自のアドリブをつけて歌っていたことに対し、森の人間性を断罪する川内康範の姿が、繰り返しワイドショーで放映された。

作詞家としての川内康範は、昭和のヒット流行歌を数多く出している。『誰よりも君を愛す』『骨まで愛して』『伊勢佐木町ブルース』、少し変わったところではアニメ作品『まんが日本昔ばなし』の主題歌もある。

元々作家だが、作詞、映画・テレビのシナリオも書くという大正生まれとは思えないマルチ人物だった。１９５８年に始まり大ヒットしたテレビシリーズ『月光仮面』も川内の代表作のひとつである。

一方、川内は政財界のアドバイザーとしての顔も持っていた。

政治との関わりあいのきっかけとなったのは、川内が戦後、他に先がけて行っていた海外抑留日本人の帰国運動や戦没者の遺骨引き揚げ運動である。佐藤栄作に始まり、福田赳夫、鈴木善幸、田中角栄、竹下登、宮沢喜一といった歴代総理とも腹を割って話せる間柄だった。特に、最大派閥の領袖だった竹下登の政治ブレーンを務めたことで、川内の声はときに自民党全体を動かすまでの影響力を持った。

60年代から70年代にかけて、川内は、左翼メディアから「右翼」と目されることが多かった。だがそれは愛国的な発言や、戦争への思いを曲解された結果だった。川内は昭和天皇の戦争責任を認める発言もしていて、バランスの取れた国家観を持っている。川内は生前の三島由紀夫とも知り合いで、三島事件後、最初の追悼集会は主催者に名を連ねたが、3回忌あたりから出席しなくなったという。川内はその理由についてこう述べている。

「(三島の追悼集会に) 集まる人たちは確かに三島君を崇拝しているんだが、三島君が残した志というものを、多段階的には理解できていない。(中略) 右なら右を見たまま、一直線なんだよ、彼等は。単眼的で、複眼が持てない。僕は真ん中だって、左だって見るからね。それで僕は (彼らと) 距離をおいたんです」

黒幕

# 75

# 池口恵観

## 著名人がすがる「炎の高僧」

いけぐち・えかん。1936〜。最福寺法主。鹿児島県東串良町に生まれる。59年高野山大学卒業後、真言宗の秘術「百万枚護摩行」を達成した。高野山の伝燈大阿闍梨で大僧正。67年に最福寺を建立。

人呼んで「永田町の怪僧」、いや自民党を操る「影のフィクサー」か。2013年、競売にかけられていた朝鮮総連中央本部を45億円で落札したことで注目を集めた鹿児島県「最福寺」の住職、池口恵観。結局、買収はかなわなかったものの、安倍晋三首相の指南役として、政界に強い影響力を持ったことで知られている。

だが、池口は過去、反政府活動によって逮捕された経歴を持つことはあまり知られていない。彼が関わった「三無事件」とは1961年に摘発された陸上自衛隊少壮将校によるクーデター未遂事件。池口は当時の衆議院議員・馬場元治の秘書となり、国会議事堂内へ襲撃するタイミングを図る役割を担っていたとされている。ただ、未遂事件であり関与も少なかったとされ、不起訴で釈放処分だった。

事件後、池口は高野山に渡り修行道に入る。「密教史上、誰もなし得なかった」とされる秘法「百万枚護摩行」を成し遂げ、「炎の行者」として真言宗18派閥のうち最も規模が大きい高野山真言宗大僧正の位を得る。

池口の本懐は、その戦国時代の軍師僧のようなルックスも含め、清濁併せて丸ごと呑みこむ胃袋の強さだろう。

「仏教上の立場から人を差別しない」という信条から犯罪者も受け入れ、芸能界からスポーツ界、女流作家まで、その信仰者は後を絶たない。

まだ現役時代、不振に悩んでいた清原和博が、当時阪神監督を務める金本知憲や新井貴浩らとともに、護摩行に打ち込んだことはよく知られている。住吉会系の右翼団体「日本青年社」とも太いパイプを持つと同時に、北朝鮮とのパイプも太く、「よど号ハイジャック事件」のメンバーたちとも面会するなどの経歴を持つ。

政治との関わりは小渕恵三総理が官邸の風水を心配して相談したことからと言われている。その後も森喜朗、小泉純一郎と歴代総理と親交を持ち続け、特に安倍晋三は池口の弟子を自任するほど私淑し、第一次政権時の辞職や復帰に際して池口の進言を仰いでいた。

「一度禅譲すれば、5年くらい後に、また大きな潮がくる。そのときに再登板されたらいい」。池口の言葉通りに出馬した安倍首相が長期政権を維持した。

黒幕 76

# 大川隆法

## 「壮大な野望」をもった新宗教教祖

おおかわ・りゅうほう。１９５６〜２０２３。幸福の科学総裁。徳島県生まれ。東大卒業後、商社トーメンに入社するが、85年に『日蓮聖人の霊言』を出版後に「幸福の科学」を設立、91年に宗教法人の認可を得る。

スティーブ・ジョブズから小保方晴子、金正恩まで、次々と「守護霊」を降臨させては妄言とも言える説法を繰り返した「幸福の科学」総裁・大川隆法。「地球系霊団の至高神エル・カンターレ」を称し、信者数は公称１２００万人。さすがに水増ししすぎだとしても、ここまで荒唐無稽な宗教がなぜ一部の人々を魅了したのか。

自伝が版を重ねるたびに経歴が変わる大川だが、徳島県の進学校から東大に入学し、卒業後は商社に入社。ＭＢＡ取得のために渡米した24歳の頃、霊界との交流を始め、「釈迦の生まれ変わり」と自覚するようになったという。そして帰国後、「幸福の科学」を立宗する。そして大川の教えは１９８０年代の若者の心を次々ととらえていった。エリート出身を粉飾する大川だが、実際には幾度も挫折を経験した「田舎の優等生」であったことは度々指摘されている。

教団の名前が一般層にも広く知られるようになったのは、91年に起きた写真週刊誌『フライデー』への抗議行動である。そのエキセントリックとも思える信者たちの抗議方法もさることながら、直木賞作家の景山民夫、女優の小川知子らが拳を振り上げて抗議する映像が繰り返しテレビで流され、世間にある種の衝撃を与えた。

一時はオウム真理教の麻原彰晃と何かと比較されることが多かったが、オウム事件のすべてが判明した際には「オウムをいち早くテロ集団と見抜いて批判を重ねてきた」と自称している。

２００９年には「幸福実現党」を発足して選挙のたびに信者を全国で出馬させている。

二人三脚で教団を運営してきた最初の妻とは離婚した大川だが、現在の教団にはかつてのようなメディアとの敵対路線は見られない。17年には人気女優だった清水富美加が突然、「出家」を宣言し話題になった。当時、芸能界にもまだカミングアウトをしていない幸福の科学信者がいるというそれまでの説が、ある意味裏付けられたことで、幸福の科学の教線拡大は続いているという現実に人々は驚かされた。

新宗教ブームで現出した多くの教団が淘汰されるなか、全国規模で一定の信者数を保っていた幸福の科学だが、大川隆法が亡くなって、現在岐路に立つ。

黒幕 77

## 大黒幕・児玉誉士夫の懐刀

# 太刀川恒夫

たちかわ・つねお。1937～。東京スポーツ新聞名誉会長。神奈川県横浜生まれ。児玉誉士夫の著書に感銘し秘書になる。その後、ロッキード事件で逮捕されるが、児玉がオーナーの『東京スポーツ』の社長に。

プロレスファンにはおなじみの夕刊紙『東京スポーツ』（東スポ）。一般のスポーツ新聞とは趣を異にするこのメディアの会長に長く君臨していたのが、昭和の大黒幕・児玉誉士夫の秘書を務めていた太刀川恒夫である。メディアのトップでありながら、太刀川が取材に応じたり、自社の媒体で何かを発言することはまずない。唯一の発信コメントは、入社案内の資料に記されている「社長の言葉」くらいだ。

太刀川は1937年、神奈川県横浜に生まれた。高校を卒業後、就職も進学もせず過ごしていたと言われるが、60年に、児玉誉士夫のもとを訪ねる。以前から児玉の本を愛読していた太刀川の大胆な「飛び込み入門」であった。

太刀川の几帳面《きちょうめん》で裏表のない性格を評価した児玉は、その後、中曽根康弘事務所に太刀川を送り込み「修業」させている。太刀川はこの時期、仕事をしながら夜間大学（中央大）に通い、学歴を得た。

74年に児玉は脳血栓で倒れ、その後、健康状態が悪化すると、児玉は暫定的に「代理人」として事務所を切り盛りするようになる。

そんな折、76年になってロッキード事件が発覚。アメリカの上院公聴会で暴露された米航空大手ロッキード社の日本側関係者に対する巨額の贈賄疑惑が明らかとなり児玉と太刀川は逮捕される。だが、児玉は検事の取り調べに対し、一切情報を漏らさず秘匿したため政財界の間で「口の堅い男」という評価が定まるようになった。

太刀川には、形式的に懲役4月、執行猶予2年という有罪判決が下されたが、その後太刀川は児玉の持ち物であった『東スポ』の経営を任されるようになる。

70年代から『東スポ』はプロレス報道に力を入れており、76年の猪木vsアリ戦や79年の「夢のオールスター戦」といったビッグマッチの主催にも名を連ねていた。まさにプロレス界の大タニマチであったことから、太刀川の名は業界で最強のカードとして流通するようになった。

「何も語らず」という黒幕の鉄則を守り続ける太刀川はすでに80代後半。『東京スポーツ』も会長から非常勤の名誉会長に退いた太刀川だが、ロッキード事件の最後とも言える生き証人が、師である児玉を語る日はやってくるのだろうか。

黒幕
78

# 三浦甲子二

## 権力を握った「テレ朝の天皇」

みうら・きねじ。1924〜1985。テレビ朝日専務。慶應義塾大学法学部を卒業後、朝日新聞社入社。その後、テレ朝に移り、持ち前の独断的政治力で基盤を固め、「テレ朝の天皇」と呼ばれた。

戦前から戦後のある時期まで、政治を伝えるメディアは新聞の独壇場であった。

1960年代以降、大衆に大きな訴求力を持つニューメディアとして放送局が台頭するが、当初は政界を取材する人材を用意できなかったテレビ局は、系列の新聞社や通信社などから記者を引き抜き、あるいはその人脈の力を借りる形でニュース報道をつくっていた。

いわば「対等」とは言えなかった黎明期のテレビ局と政治家の関係性。その状況を打破し、今日に至る「テレビ政治」の基礎をつくり上げたのが、元テレビ朝日専務の三浦甲子二である。三浦は朝日新聞東京本社政治部次長として辣腕《らつわん》を振るった記者だった。その三浦が、日本教育テレビ（NET＝現・テレビ朝日）に出向したのは東京オリンピックの翌年、65年のことである。

三浦は政治部時代に培った人脈をフルに使い、出向先でも瞬く間にポジションを築いていく。教育番組の放送局だったNETを「全国朝日放送」と社名変更し、一般局に移行させたのも三浦の功績のひとつである。

その彼の名がテレビ業界に一躍轟《とどろ》いたのは、80年に旧ソ連で行われたモスクワオリンピックだ。オリンピックから遡《さかのぼ》ること3年の77年、民放として異例の独占放映権を獲得することに成功。NHKはもちろん、民放各局も三浦の力技の前に歯ぎしりすることとなる。成功の背景には、ソ連通の代議士・河野一郎と三浦の深い関係があったという。

もっとも、せっかくの独占放映権もソ連のアフガン侵攻によってアメリカなどの西側諸国は大会をボイコット。そのあおりを食う形で日本も不参加となり、当初想定されていた規模よりは大幅に放映を縮小するハメとなってしまう。

三浦は新聞記者として培った政界人脈と、電波という新しい武器を巧みに利用し、政界のフィクサーとして暗躍していた。ソ連の対日工作員と日本の代議士の間を仲介したり、また複数の自民党の有力政治家の政策やスピーチの「ゴーストライター」を引き受けるなど、まさにテレビを舞台とした「三浦劇場」で多くの政治家が振り付けどおりに踊らされていたのである。

黒幕
79

昭和のイベントプロデューサー
# 永田雅一

ながた・まさいち。1906〜1985。大映社長。京都生まれ。19歳で日活に就職。映画ビジネスを学び、28歳のとき第一映画社を設立。第一映画社解散後、36歳のとき大映の設立に参加、41歳で社長に就任。

大映の名物社長として知られるのが永田雅一である。永田は、いち早くエンタメ経営に取り組み、続々とヒット映画を製作していく。生来のエネルギッシュな性格と才覚で、華々しい映画産業の牽引車となった。

若かりし頃、京都のヤクザ「千本組」の世話になっていたこともあり、押し出しの強さは筋金入り。自己主張が激しく饒舌《じょうぜつ》で、そのビッグマウスぶりは「永田ラッパ」とも称された。ビッグマウスだけでなく、ビッグマネーを惜しげもなく裏舞台で使っていた。戦前の1942年、大映を設立する際も、監督官庁への贈賄を駆使していた話はおおむね真実と信じられている。

政治家では河野一郎や岸信介らと交流があり、また「ミスター黒幕」児玉誉士夫とも親しかった。岸政権が安保改定後、大野伴睦に政権を譲るという「誓約書」を書かせたのもこの永田である。

61年には疑獄事件で逮捕もされている。「武州鉄道」という鉄道の免許を早く受けるため、賄賂による政界工作をしたという事件だ。

実刑判決こそ受けなかったが、インフラが不足していた時代の鉄道業にいち早く資金投下をしようとしたところに永田の生来の強引さがうかがえる。

だが、そんな豪快さも、映画産業が斜陽化する時代には通用せず、71年、大映は倒産に追い込まれる結果となった。

永田はプロ野球においても、大きな足跡を残した。大映スターズ、大映ユニオンズ、大毎オリオンズなどの球団オーナーとして知られる。

あの長嶋茂雄の劇的なホームランで幕を閉じた伝説の「天覧試合」（59年）を演出したのは正力松太郎であったが、同時期、永田もオリオンズの「天覧試合」を実現しようと動いていた。しかし、天皇陛下が巨人戦を選ぶと、「プロ野球の名誉のために、ゴタゴタを起こしてはいけない」と一切異議を唱えなかったという。

パ・リーグ球団のオーナーとして、読売ジャイアンツ中心の球界を常々嘆き、62年の東京スタジアム（南千住）建設など、観客を集めるために尽力した。こうした功績によって、死後3年後の88年に野球殿堂入りしている。

黒幕 80

# 島 桂次

## 公共放送のトップに君臨

しま・けいじ。１９２７～１９９６。ＮＨＫ第15代会長。栃木県生まれ。東北大学卒業後、ＮＨＫに入局。政治部になってからは自民党有力者との強固なパイプをバックに頭角を現し、89年にＮＨＫ会長に就任。

ＮＨＫは１９７０年代半ばから40年間ほどは、短期間の例外を除き、ＮＨＫ出身者がそのまま会長を務める形が慣例だった。

70年代以前はまだ、生え抜き（ラジオを除く）の職員が会長を務められる年齢に達していなかったため、郵政省や新聞社から「会長」が選出されていた。

ＮＨＫ出身者による会長選出が続いた時代は、新聞社と同じく政治部出身者が幅を利かす構図になり、なかでも強大な権力を持ったのが島桂次（会長在任89年から91年）と海老沢勝二（同97年から２００５年）である。

「シマゲジ」こと島桂次は東北大学を卒業後、黎明期のＮＨＫに入局。政治部記者となり宏池会を担当した。ＮＨＫは公共放送であるが、当時の権力との「密着度」は相当に露骨で、島は「自民党の代理店」と揶揄《やゆ》されながらも、テレビにおける報道番組の専門家として、先輩のあまりいないＮＨＫ局内で出世していく。

山口二矢による浅沼稲次郎刺殺事件が起きた60年10月12日、日比谷公会堂における自民党、社会党、民社党・三党首立会演説会は、もとはといえば、島が自民党総裁・池田勇人に持ちかけたものだとも言われている。

歴史的事件が起こってしまったことで、日本初の討論会は池田からやや筋違いな叱責を受ける羽目になったが、テレビ時代の政治を見据えた島の慧眼《けいがん》は評価されていい。島はショースタイル・ニュース番組の先駆けとも言える『ニュースセンター9時』の立ち上げに関わり、その頃、外信部長に昇格して3年あまりだった磯村尚徳を、キャスターに口説いたのも島の尽力によるものである。

フランス通として知られ、ヨーロッパ総局長も務めた磯村の起用は、それまでのNHKニュースのイメージを大きく変えることに成功し、同局の看板番組ともなった。この島の新スタイル好み、改革好きは組織のトップに立っても変わらず、その大ナタは当時、視聴率低下に歯止めがかからなかった国民番組『紅白歌合戦』にも及ぶこととなる。結局は局内不祥事による島の失脚もあり、紅白は存続したが、その後、島は回想録を出版するなど、最後までNHKらしからぬ「風雲児」ぶりを発揮した。良くも悪くも「NHK報道」を確立した人物であった。

黒幕 81

# 海老沢勝二

## ＮＨＫ最長の独裁を実現

えびさわ・かつじ。１９３４〜。ＮＨＫ第17代会長。茨城県生まれ。早大政治学科を卒業し、ＮＨＫに入局。父親が橋本登美三郎の後援会長だったこともあり政治記者として実力を発揮。97年からＮＨＫ会長。

島桂次・元ＮＨＫ会長の腹心だった海老沢勝二は、茨城県潮来市に生まれた。島と歩を合わせるように政治部記者となり、その後も出世街道を進んだ。将来のＮＨＫ会長は確実と見られていたが、１９９１年に強引な商業化路線を進めた島が局内の反発を食らう形で会長の座を追われると、海老沢も本体を外れ、子会社のＮＨＫエンタープライズ社長に飛ばされる。しかし、その後ＮＨＫに返り咲いた海老沢は、専務理事、副会長を経て第17代ＮＨＫ会長に就任する。97年のことだった。

海老沢の出世を語る上で欠かせないのは、田中角栄内閣の幹事長、橋本登美三郎との関係である。海老沢の父は橋本の後援会長をしており、しかも郵政族の橋本はＮＨＫ設立に尽力した、日本の放送業界の生みの親とも言える人物。当然のように入局後、海老沢は「橋本番」となり、時の有力政治家との蜜月関係がＮＨＫ内での出世と評価に直結していたことはほぼ間違いないだろう。

さて、ボスであった島の失脚を目の当たりにした海老沢は、それ以上のワンマン体制を敷いたため、週刊誌メディアからは〝エビジョンイル〟と呼ばれたこともあった。独裁者のレッテルを貼られた海老沢であるが、威圧的なムードはなく、逆に自身と同郷の茨城県出身者を人事で重用するなど、良くも悪くも「義理と人情」を重視する昔ながらの日本人タイプであったという。

２００３年の地上デジタル化では唯一の公共放送として中心的役割を果たすなど、海老沢は絶頂期を迎え、放送業界トップとして十分の勢威を見せつけることとなった。路線は保守的で、紅白歌合戦の司会を自局のアナウンサーで固定し純血度を高めるなど「愛社精神」が強いタイプの経営者でもあった。

しかしながら04年、看板番組「紅白歌合戦」の担当プロデューサーによる不正経理問題を追及され、海老沢は国会に参考人招致されてしまう。「自らの手でＮＨＫの再生を図る」として、最後までその地位にとどまろうとしたが、世間の目は厳しく05年1月、会長を辞した。だが、権力への未練を捨て切れなかったのか、会長辞任後すぐに「顧問」に再就任。これが報じられると、ＮＨＫに視聴者からの抗議が殺到し、顧問就任も数日で取り下げるという失態を演じることになった。

黒幕
82

## 日本テレビの天皇
# 氏家齊一郎

うじいえ・せいいちろう。1926〜2011。日本テレビ会長。東京生まれ。東大卒業後、ナベツネから「新聞記者向き」と誘われ読売に入社。常に渡辺と軌を同じくし読売グループの権力の座を分け合った。

日本テレビ会長、民放連会長といった要職を歴任した氏家齊一郎を語るとき、必ず名前が出てくるのが「ナベツネ」こと盟友・渡辺恒雄だ。氏家にとっては、東大の1年先輩であるが、1926年生まれと同年齢。それだけに、単なる同僚を越えて肝胆相照らす仲でもあった。また、共産党・東大細胞に引き入れたのも渡辺ならば、除名された渡辺の後を追うように氏家もまた党を追われる。さらに就職先は同じ読売新聞社というのだから、よほど強い命運が2人を結び付けていたのだろう。

55年頃、渡辺は懇意にしていた中曽根康弘に読売経済部の記者を紹介してほしいと言われ、盟友である氏家を紹介する。当時、中曽根の系列にあった石原慎太郎と氏家の関係もこのときから始まり、後になって氏家は息子の伸晃を日本テレビで引き取るまでの関係になる。石原慎太郎をして、「(伸晃の)育ての親はウジさん(氏家)」と言わしめるほどになったことでも分かるように、氏家も渡辺同様、有力政

治家に深く食い込み影響力を行使するようになった。

30代半ばから社内・社外ともに政治力を駆使してのし上がった氏家・渡辺コンビだけに、彼らに対する反発も並大抵なものではなかった。特に、当時の読売の実力者・小林與三次副社長の腹心として、度々、取締役・局長クラスの頭越しに動いていただけに、氏家は多くの敵をつくった。皮肉なことに氏家にとって最大の敵となったのは読売新聞で「販売の神様」と呼ばれた務台光雄であった。

氏家は82年に読売新聞の本体から外され、56歳で日本テレビ副社長となるが、務台の意向で3年後に役職を剥奪され同社の「顧問」になる。明らかな左遷人事だった。その後、かつての共産党仲間・堤清二のもとに身を寄せ、セゾングループの最高顧問に納まっていたが、務台の死去とともに日テレ最高顧問に復帰する。このあたりの機微と動きは、ある種の強運の持ち主である。その後、92年には日テレ社長として絶大な権力を振るうのは周知の通り。民放連会長も兼任した。

氏家は2003年、日テレのプロデューサーが起こした「視聴率買収事件」の責任を取る形で同社CEOを辞任するが、その後も日テレ会長に再び復帰するなど、実質支配は死去する11年まで続いた。

黒幕 83

## 出版業界の元祖「風雲児」
# 徳間康快

とくま・やすよし。1921～2000。徳間書店創業者。神奈川県生まれ。早大卒業後、読売新聞に入社するが、労働争議にも深く関わったため、社を追われる。その後、いくつかの事業を経て徳間書店を設立。

「やすよし」の本名よりも、業界内ではもっぱら「こうかい」と呼ばれる徳間書店の創業者、徳間康快。元々は読売新聞の記者で、社をレッドパージで追われた経緯もあり、同僚だった渡辺恒雄や氏家齊一郎との関係は終生続いた。

のちにスタジオジブリの作品を日本テレビが制作するようになったのは、この徳間個人のライン……特に氏家との関係が大きく関係している。また、いまや名所ともなった東京三鷹にある『ジブリの森美術館』は、氏家によると徳間が30億円、徳間の依頼を受けた氏家の判断で日本テレビから20億円、計50億円でつくられたというから、その関係の深さが知れようというものである。

読売新聞社を追われた徳間が『東西芸能出版社』を設立し『アサヒ芸能新聞』を発行したのは1954年のこと。このアサヒ芸能新聞はのちに『アサヒ芸能』と名前を変え、現在も出版社系週刊誌としては『週刊新潮』に次ぐ老舗として現在に至る。

その後、人気アニメ誌となった『アニメージュ』など稼業である出版業を拡大していくが、なんと言っても徳間が異能の人物として業界に力を発揮していくのは、破綻した大映の買収による映画界への進出、同じくミノルフォン買収、徳間音工設立による音楽業界への進出など、徳間グループのコングロマリット化以降のことである。

しかし同時に、本来は紙媒体の人間であった徳間が政治力を発揮するのもここからである。ルポライターの竹中労に「徳間書店で自民党現役閣僚とすれ違うようになる」と著書に書かれたように、徳間は有力政治家とのつながりを濃くして政財界への影響力も強めていく。

晩年の徳間は強引な事業拡大による経営難に悩まされることになるが、それでも強気の姿勢は崩さず、特にジブリをはじめとする文化事業には惜しみなく資金を出し続けた。一説には総合誌がないことを恥と思って『サンサーラ』を発行したように、徳間自身の複雑な思いもあったようだが、それでも実際に億単位の金をアニメのために供出し続けるのは並大抵ではない。豪快無比な出版人として多くの伝説を残した徳間であったが、2000年にこの世を去った。

黒幕
# 84
## 『週刊新潮』のカリスマ
# 齋藤十一

さいとう・じゅういち。1914〜2000。新潮社取締役。北海道生まれ。早大中退後、新潮社に入社。『新潮』での編集を皮切りに、『週刊新潮』や『FOCUS』などの新潮社の有力誌の創刊に関わる。

「十一」という珍しい名前は、紀元節である2月11日に生まれたことで父親に名付けられたという。早稲田大学を中退後の1935年に新潮社入社。終戦後は同社の役員となり、文芸誌の『新潮』の編集を担当。坂口安吾らの大作家を担当する一方、どんな大物作家の原稿も気に食わなければ容赦なく「没」にするなど、カミソリ編集者として知られた。その後も、五味康祐や柴田錬三郎、山口瞳ら日本文芸界に名だたる作家たちを育てた。

齋藤の独特の人間観は徹底した俗物主義に支えられている。人間の深奥に存在する「俗物」というありのままの姿を徹底的に炙《あぶ》り出すそのリアリティへのこだわりは、のちに創刊する『週刊新潮』の編集方針へとつながっていく。56年、出版社系としては日本初となる『週刊新潮』を創刊。スキャンダル路線を打ち出し、特にタイトルを重要視したところに特徴があった。81年に起きた「佐川一政事件」において、精神鑑定の結果無罪となった佐川に対し「気をつけろ『佐川クン』が歩いている」と打ったタイトルは、いまなお齋藤イズムの象徴として語り草になっている。

そしてもうひとつ、日本初の写真週刊誌『FOCUS』の創刊（81年）も齋藤の発案である。同誌は、芸能人はもちろん、スキャンダルを嫌う政治家や官僚らに蛇《だ》蝎《かつ》のごとく嫌われたが、大衆の多くは齋藤路線を支持し、のちに同業他社も参入して、「3FET」と呼ばれる5誌乱立の状況を呼び込んだ。

他社に追随された齋藤は編集部員にこう語って見せた。

「お前たちにだけには、絶対に人の真似をさせるようなことはさせないからな」

97年、当時14歳の少年による神戸連続児童殺傷事件において、加害少年の「顔写真」を掲載したのも『FOCUS』である。「被害者の人権より少年法のほうが優先されるのか」――その強烈なメッセージは、多くの読者に共感をもって受け止められた。これもまた齋藤イズムの一断面と言えるだろう。

同誌は2000年に休刊を発表。それを取り上げた民放番組の取材に珍しく対応した齋藤は、番組に出演した自身を見て「老醜だ」とつぶやいたという。齋藤はその翌日に倒れ、昭和の怪物編集者は自らが生み出した雑誌とともに世を去った。

黒幕 85

# 藤田小女姫

## 権力者を手玉に取った霊感美女

ふじた・ことめ。1938〜1994。占い師。福岡県生まれ。本名・藤田東亞子。幼少の頃から霊感が強く、何でも当てる天才・少女占い師として有名であった。実業家や政治家もその占術に耳を傾けた。

戦後、多くの権力者たちが心酔した女性占い師がいた。藤田小女姫（本名・藤田東亞子）のことである。藤田は1938年、福岡県に生まれた。幼少期の生い立ちについては謎めいた伝説に包まれているが、両親が離婚した後、9歳のとき「ハワイの狐」が憑依《ひょうい》し、特別な霊感を得たとされる。

50年5月1日付の『産業経済新聞（現・産経新聞）』の社会面に「奇跡の少女現る」と紹介された小学校6年の美少女は、その後、日本の政界や財界にまで影響を及ぼす天才占い師として名を馳《は》せる。藤田は安保条約改定や皇太子ご成婚、ニクソン失脚などを次々と予言・的中したとされ、あの松下幸之助や岸信介、小佐野賢治らも顧客であった。この時期、藤田はまさに政財界の「黒幕」として君臨していた。

藤田の霊感を本物と見たフジサンケイグループの創始者である水野成夫は、産経ビルの一室を貸与するほどの寵愛《ちょうあい》ぶりを示した。『産業経済新聞』を『サンケイ新聞』と変更したのも藤田の「お告げ」によるものだった。

メディアが幻想をつくり上げる構図のなかで、ミステリアスな存在感を維持していた藤田であったが、60年代後半以降、藤田の霊感に疑問符をつける報道が目立ち始め、それを敏感に察知した藤田は突如、ハワイに移住する。73年のことだった。

やがて時は流れ、多くの日本人が藤田の存在を忘れかけていた94年、ハワイで藤田が射殺されたというニュースが世間を驚かせた。当時藤田が住んでいたホノルルの高層マンションから火災が発生。その火災現場から藤田の射殺体が発見された。また、マンションから少し離れたホテル駐車場で、炎上した車内から大学生だった藤田の一人息子の遺体が発見された。遺体は、事前に銃で撃たれていた。

犯人は、藤田の息子の知人であった当時28歳の日本人男性だった。動機は藤田の持つ資産であったと見られているが、事件に関する謎の多くは解明されないまま裁判は終了。実行犯には終身刑の実刑判決が言い渡された。

一世を風靡《ふうび》した美人占い師の悲劇――不思議なことに、藤田が生前、大切に管理していたはずの、政財界の大物の名前と関連情報が並んだ「顧客ノート」は現場から発見されなかったという。

黒幕 86

## 「六星占術」家の数奇な人生模様
# 細木数子

ほそき・かずこ。1938〜2021。占術家。東京生まれ。銀座でクラブ経営をスタート。島倉千代子のマネージメントを実質的に担当し財を成す。82年に考案した「六星占術」が大ヒットして一躍有名に。

占い好きの日本人にとって、『六星占術』は名の通った占いである。それ以上に、六星占術の創始者である細木数子の名前と顔は広く知れ渡っているだろう。生前の一時期はテレビに出ない日はないというくらい芸能活動に励み、高い知名度を獲得していた細木。

かつて『ズバリ言うわよ！』という彼女の冠番組があったことでも分かるように、歯に衣《きぬ》着せぬ物言いは視聴者の溜飲《りゅういん》を下げ、「視聴率女王」の異名をとった。また、この頃、野村沙知代やデヴィ夫人ら毒舌型の熟女が人気を博したこともあり、そのブームは細木の本業たる占い本の売り上げに大きく貢献したと思われる。

しかしその半面、「近親者が死ぬ」などと、あまりにも衝撃的な「予言」を受けたタレントのなかには、以後、細木との関わりを避ける傾向もあった。また、改名を促され、本当に芸名を変えたタレントが逆にテレビから消えていくなど、「逆的中」も目立つようになった。

細木は、東京・渋谷に生まれ、10代のころからカフェをオープンし、銀座のクラブで水商売に関わりながら、客を通じて芸能界や政財界に人脈を広げ、それがのちのちにブレークする「下地」になった。

細木を語るときに欠かせない逸話が1983年、陽明学者・安岡正篤との間に交わされた婚姻騒動である。歴代総理の指南役として、日本の政界に隠然とした力を誇った安岡であったが、高齢には勝てず、細木と婚約を誓ったとされるときは、すでに85歳で認知症の症状も見られたという。

当時、銀座のクラブのママであった細木には、「遺産狙いではないか」という声も上がり、安岡の親族は婚姻無効の裁判を起こした。安岡自身は、その渦中で他界したが、のちに婚姻は無効となった。

細木の「凄《すご》み」を見せる出来事もあった。ジャーナリスト・溝口敦による週刊誌連載『細木数子　魔女の履歴書』に対し、細木が暴力団を使って圧力をかけたとして、裁判沙汰になったのである（のちに裁判所の和解勧告に従って細木が告訴を取り下げている）。細木の半生は昭和のネオンの下に溶け込んでいるのかもしれない。

黒幕 87

# 見城徹

## 文芸編集者から政界仕掛け人に

けんじょう・とおる。1950〜。幻冬舎社長。静岡県生まれ。慶大卒業後、廣済堂出版に入社。『公文式算術の秘密』がベストセラーに。その後角川書店の『月刊カドカワ』を担当した後、93年に幻冬舎を設立。

業界内で最後の「大物編集者」と畏敬の念を持って呼ばれているのが見城徹だ。角川書店時代には、数多くのベストセラーを担当、月刊誌の編集長を務めれば飛躍的に部数を伸ばすなど、すでにカリスマ的才能を現していた。そんな見城が、誰に遠慮するでもなく、自らの辣腕《らつわん》を振るい始めるのは1993年の幻冬舎設立からだ。

見城人脈の凄《すご》みは、五木寛之や石原慎太郎ら文壇の大御所のみならず、テレビや音楽、映画など芸能全般に及んでいるところだろう。

見城が何事にも体当たりで時代をつかもうとする野心に満ちた編集者であることは間違いないが、その一方で、疑問符のつく筋の悪い商業主義も垣間見える。

たとえば、百田尚樹の『殉愛』（やしきたかじんに対する未亡人の献身的な愛情を描いた〝ノンフィクション〟だが、未亡人の描かれ方は事実に反する記載だらけで、のちにいくつもの訴訟を生み出すことになった）を出版したのはほかならぬ幻冬舎であるし、安倍元首相に近いTBS出身のジャーナリスト、山口敬之の著書『総理』『暗闘』も幻冬舎だ。山口にはその後、女性「レイプ疑惑」が浮上し、女性側に訴訟を起こされ、賠償命令が確定している。

あるいは神戸連続児童殺傷事件の加害者である「元少年A」の一方的な手記発表も、版元自体は太田出版であったが、元々は見城を〝指名〟して持ち込まれた原稿で、幻冬舎では出版できないと考えた見城が、親交のある太田出版社長に原稿を託したのが真相だった。後に「元少年A」は信頼関係があると思っていた見城に裏切られたとして、すべてを暴露する手記を別の週刊誌編集部に送りつけるなど、カリスマ編集者と元殺人犯の間で不毛な泥仕合が演じられた。

見城は大手芸能事務所の役員に就任するなど芸能界でも政治力を発揮できる存在となっており、安倍元首相の動向を伝える「動静」欄にも登場するなど、まさに黒幕的な動きを見せた。キー局や芸能事務所の幹部を安倍元首相に紹介し、コネクションを築いた。そして、出版物を出す場合には「テレビ＋権力」の黄金タッグで大宣伝を仕掛けた。露骨とも言える作戦で、一時は大成功したが、その手法もネットの隆盛で、パワーはなくなっている。

黒幕
88

# 力道山

## 出自の秘密とフィクサーとしての顔

りきどうざん。1924〜1963。プロレスラー。日本統治下の朝鮮生まれ。15歳の頃来日。40年に初土俵を踏む。その後、49年にプロレスに転向し、「日本プロレス協会」を設立。爆発的な人気を得る。

１９５０年代初頭、戦後日本の最大のヒーローであった力道山は、大柄な外国人レスラー相手に、伝家の宝刀である「空手チョップ」を炸裂《さくれつ》させ、彼らをことごとくマットに沈めていった。力道山の本名は金信洛。だが、朝鮮生まれの出自は隠されたままであり、その生い立ちを知る者はごく限られた関係者のみであった。

大相撲で関脇の地位にまで昇進しながら廃業。その後、米国からプロレスを輸入し、自らがエースとなって「日本プロレス」を設立。

54年には、柔道家の木村政彦との「昭和の巌流島対決」を制し、その後ジャイアント馬場、アントニオ猪木という、のちのプロレス界の巨頭をスカウトし育て上げた。

プロレスブームはテレビの普及に多大な貢献を果たし、力道山は次第に政治、経営の分野にも軸足を移していくことになる。彼のバックについていた勢力で最大を誇ったのは、町井久之が１９４７年に結成した「東声会」（現東亜会）である。町井と力道山は同じ在日で、日韓国交正常化交渉で暗躍していた町井は力道山の自宅を秘密交渉の場に選んでいたほどの深い関係だったとされる。

この町井の兄貴分が田岡一雄・三代目山口組組長で、のちに日本プロレス協会副会長という肩書を持つことにもなった。力道山は試合の先々で地元の顔役と食事や酒席を共に過ごし、裏社会の住人たちとの親密な付き合いは公然と行われていた。

63年、力道山は赤坂にあったナイトクラブ「ニューラテンクォーター」の店内で、住吉一家の傘下組員とトラブルになり、ナイフで刺されてしまう。当初、傷は浅いと見られたため、病院には行ったものの応急処置だけで帰宅している。力道山も周囲には「大したことない」と軽口を叩くほどだった。

ところが、翌日になり傷は悪化。そこで赤坂の知り合いの病院に行くのだが、その病院は外科が専門外だった。力道山は事件が表沙汰になるとプロレスラーの看板に傷が付くと恐れたため、外に話が漏れないことを優先して知り合いの医師がいる病院を選んだとされる。

7日目に2度目の手術を受けたが、その6時間後、力道山は亡くなる。事件直後に適切な処置を受けていれば十分に助かったとされる、惜しまれた死だった。

黒幕 89

# 戦後世代の「永遠のカリスマ」 梶原一騎

かじわら・いっき。1936～1987。作家・漫画原作者。東京都生まれ。本名・高森朝樹。『巨人の星』『あしたのジョー』『プロレススーパースター列伝』などで有名な日本を代表する漫画原作者。

戦後、数々の名作漫画の原作者として成功を収めた梶原一騎。幼少時には大柄な体を持て余し、グレては少年院に送られる「不良」だった。

武闘派の梶原が文筆活動に入ったきっかけには父の存在がある。

父の高森龍夫は、ごま書房や改造社で活躍した校正者、編集者で、梶原も青年時代には小説家を目指していた。

もっとも、食い扶持《ぶち》を稼ぐために始めただけの漫画原作が、当時の漫画誌ブームに乗り大ヒットしたことで、梶原は自身の思わぬ才能に気づくことになった。

『巨人の星』『空手バカ一代』『愛と誠』『あしたのジョー』といった作品群は、いずれも戦後の少年漫画における金字塔で、アニメ化、映画化されることにより、梶原は巨額のカネを手にすることになる。

一方で、梶原は裏社会の人間とも公然と付き合い、自ら格闘技興行のプロモーターとしても活動するなど、グレーな立場で仕事を続けていたが、当時はそれが社会的に問題視されることはなかった。

粗暴な振る舞いや酒の席でのトラブルは日常茶飯事であったが、カネを生み出す超人気作品の原作者であるだけに出版社も梶原を咎《とが》められなかったため、梶原の私生活の「暴走」はとどまるところを知らなかった。

コンビを組んだこともある漫画家のつのだじろうは1978年、梶原の振る舞いに怒り、作品内で梶原を批判する暗号を盛り込むなどの「事件」に発展。このときはつのだが梶原に詫《わ》びを入れることで手打ちとなった。

80年代に入り、梶原はいくつかの暴力団絡みのトラブルを起こしたほか、仕事の舞台でもある『少年マガジン』編集者への暴行事件を起こし、ついに逮捕される。これを契機に大手の出版社は梶原を見切った。人気だった『少年サンデー』の連載『プロレススーパースター列伝』も打ち切りとなり、体調を崩していた梶原は一気にアウトロー世界に転落した。

その後、自伝的作品『男の星座』を発表した梶原であったが、いったん離れた出版社が梶原と手を組むことはなく、梶原は87年、50歳の若さでこの世を去った。

黒幕 90

# 石井和義

## 総合格闘技界のドンに君臨

いしい・かずよし。1953〜。K-1創始者。愛媛県生まれ。16歳で極真会に入門。80年に独立し「正道会館」を創設。90年頃から興行界に進出し、93年に「K-1グランプリ」を開催して大ブームを起こす。

１９５３年、愛媛県宇和島市に生まれた石井和義は、中学生のときに極真会館館長で空手家の大山倍達による伝説の「牛殺し」に衝撃を受け、自分もやってみたいとの衝動にかられ空手の稽古を始めた。16歳で極真会芦原道場に入門すると、翌年には黒帯を修得するなど才覚を見せる。だが、それ以上に商才にも恵まれていた。22歳のとき、大阪で極真会芦原道場大阪支部を設立。そこから関西圏にいくつもの支部を構えるほどに拡大させ10万人を指導する。27歳で独立し、正道会館を設立するといっそう裾野は広がり、全国の教室は３００カ所を超えた。

90年代に入って、全日本キックボクシング連盟の大会に会館所属の選手らが参加したのを皮切りに興行の世界へ進出。

さまざまな模索を続けながら、テレビコンテンツとして93年に立ち技格闘技「K－1」を立ち上げると、爆発的なブームが起こる。

石井は、その波を逃すことなく確実に新しいファン層を取り込み、既存の格闘技マーケットの最大派閥であったプロレスファンを取り込みながら、メディアミックスの手法でK－1を一気に国民的スポーツへと育て上げたのである。

のちに、K－1同様、高い人気を集めた総合格闘技「PRIDE」の運営会社社長、元テレビマンの榊原信行も、当初は石井に連れられて会場に足を運び、格闘技ビジネスを学んだ時代があったという。

97年からは東京、大阪、名古屋の3大ドームツアーを成功させ、K－1と同年に始まった「PRIDE」との覇権争いが本格化する。2000年代に入るとリアルファイトの人気がブレーク。02年には国立競技場で10万人の観衆を集める「ダイナマイト」を開催。テレビ中継も定着し、プロレスとのマーケットは逆転した。

もっとも、いまにして思えば格闘技バブルはこの辺りがピークだった。同じ年、石井は、法人税の脱税容疑で逮捕される（有罪が確定している）。架空のマイク・タイソン招聘《しょうへい》計画をでっちあげ、巨額のファイトマネー支払いを偽装するという手法だったが、これを教唆したのは、戦後最大の経済事件と言われた「イトマン事件」の主人公、伊藤寿永光《すえみつ》であった。

黒幕

91

# プロ野球界最大の「寝業師」 根本陸夫

ねもと・りくお。1926〜1999。プロ野球監督。茨城県水戸市生まれ。57年、近鉄に捕手として入団。31歳で引退後、広島、西武などで監督を歴任。人材育成と巧みなスカウトで西武黄金時代を演出。

人呼んで〝球界の寝業師〟。広島、クラウンライター、西武、ダイエーで監督を務めた根本だが、史上3人目の両リーグ最下位という記録を持つなど、外形的な部分で言えば監督としての成績は見るものがない。しかし、根本の真骨頂は「弱いチームの立て直し」であった。いったんは監督に就任した上でチームを把握し、スカウト、チーム編成などの裏方仕事で、あらゆる手立てを尽くして戦力アップを図るというその手法が、球界で高く評価され、また恐れられたのである。事実、根本は関与した球団を短期間で「黄金の球団」によみがえらせている。

根本は1978年、クラウンライターライオンズの監督に就任するも、翌年、球団は西武に買収される。太平洋クラブ、クラウンと資金力が豊富とは言えない企業から一転、当時、日の出の勢いだった堤義明率いる西武グループにオーナーチェンジ。資金力は潤沢で、根本の剛腕を振るう環境は整っていた。根本は、新興球団・

西武ライオンズの初代監督から管理部長という裏方に立つと、その本領をいかんなく発揮。のちに、西武の黄金期を支える森繁和、松沼久博・雅之兄弟、石毛宏典、伊藤勤、そして工藤公康らを次々と獲得。

ドラフト上位指名の選手もいたが、根本の手腕はドラフト制度の網をくぐり抜けるきわどいものであった。プロ拒否宣言をさせておいて下位やドラフト外で獲得する、球団職員として囲い込む、グループ会社である社会人プリンスホテルのルートを目いっぱい有効活用するなど、その手口は多岐にわたり、裏で動いた金額も莫大なものであった。その動きは巧妙で、決して巨人の「江川問題」のような騒動を起こさせないところに「根本マジック」の神髄があったと言えよう。

選手たちには「オヤジ」とも呼ばれ、選手の家族や関係者からも「根本さんに任せておけば大丈夫」という評価を得た。むろん、ここには一度約束したことは（金銭面も含めて）必ず守るという信義の強さもある。半面、のちに〝栄養費問題〟としてスキャンダルになるアマチュア選手への資金提供、選手獲得のための恒常的な資金……いわゆる裏金プールのシステムを確立させたのも、根本が最初だった。球界の裏仕事人として十二分に評価を得た根本は99年に死去した。

黒幕
92

# 佐伯達夫

## 高校野球界の頂点に君臨した「天皇」

さえき・たつお。1892〜1980。高野連初代会長。大阪生まれ。有望野球選手として知られ名門・早大に進学。卒業後は高校野球連盟の設立に尽力し、長く高野連会長を務め「高校野球界の父」と呼ばれた。

高校野球界には、いままでに「天皇」と呼ばれる人間が2人いた。

佐伯達夫はその初代で、高校野球界の歴史において、並ぶ者のいない絶大な権力を誇った人物だ。ちなみにもう一人は、のちに紹介する田名部和裕である。

戦後間もない1946年、全国中等学校野球連盟（後の日本高等学校野球連盟＝高野連）創設の中心メンバーとして尽力すると、そのまま組織のトップの座に就任。80年に88歳で没するまで高野連の指導的立場として君臨する。

一アマチュアスポーツ連盟のトップである佐伯が、天皇と呼ばれるまでになったのには、もちろん理由はある。ひとつは、戦前、朝日新聞と毎日新聞（夏と春）が主催していた大会を連盟との共催という形に持っていったことだ。

大学野球に次ぐ人気を誇っていた高校野球をその手中に収めた連盟が、大きな力をつけるのは当然の帰結。さらに佐伯は、武家出身らしい厳格な規律を、加盟する高校すべてに課し、それを高校野球の金科玉条にまで押し上げることで、発案者でありトップに君臨する佐伯をも神格化させることに成功する。

「高校野球は教育、人間形成の場」という基本理念は佐伯個人の価値観が大きく反映されたものであり、特に金の卵を渇望して高校野球に接触するプロ野球関係者と高校生との間に一線を画することを強く通達した。

この佐伯の「指導」によって高校生が大人社会の札束攻勢にさらされることを防いだのは事実であるが、一方で、いわば搦《から》め手にあたる関係者、特に有力監督たちが選手の生殺与奪を握るようないびつな状況をも呼び込んだ。

もうひとつ、戦前生まれの佐伯らしい考え方であるが、高校の不祥事などが起こった場合に極めて厳しい「連座制」を強いたことが挙げられる。佐伯の時代には野球部員が直接関わりなく、同じ高校の一般の生徒が起こした事件（暴力、飲酒など）ですらも、大会への出場を辞退させられるようなケースがあった。

この佐伯の価値観による、「教育の一環」である高校野球スタイルは、主催であり出場の是非を決める絶対的存在としての高野連の権威をより高め、そのことによってまた天皇佐伯の威勢が不動のものとなる、という循環を生んだ。

黒幕
93

# 高校野球界の「公安警察官」
# 田名部和裕

２００９年５月、日本高野連で一人の参事が退任し（その後、理事）、新聞のスポーツ欄をにぎわせた。会長職ならまだしも、参事クラスの進退が話題になることは珍しいことである。その人物の名は田名部和裕。初代・佐伯会長同様に「天皇」のニックネームをもらった高野連の陰の実力者である。

天皇と呼ばれていた田名部の能力を誰よりも欲していたのは、当の高野連であった。定年を翌年に控えた事務局長の田名部を参事ポストに据えることで、彼の組織人としての余命を延ばしたのが、何よりその証左と言えよう。

それほどまで、田名部が組織に必要とされたのにはもちろん訳がある。

事務方である彼が重用される大きな理由……それは、田名部が裏方仕事に徹して一身に「汗」をかいたことが挙げられよう。

高校野球ファンなら誰しも承知のことであるが、佐伯会長以来、高野連最大の名

たなべ・かずひろ。１９４６〜。高野連事務局長。持ち前の事務処理能力を生かし、69年には事務局長に。以降、裏方として4代の会長をサポートした。佐伯会長の死去後は会長よりも実権を握った。

目は「高校野球は教育の一環」というものである。その一方、年々、個を重んじることが普遍的となっていく社会で、高野連が求める厳しい倫理観は通用しづらくなっていく。また、平成に入って加速した日本社会の情報オープン化は、たとえ地方の高校で起こったささいな出来事であっても、高校単独で処理することが困難となった。そうした状況のなか高野連は、最もデリケートな問題である各高校での不祥事を一元的に管理、裁定するシステムをつくりあげたのである。

高野連は全国の加盟高校に、「どんな些細なことであっても、不祥事は報告せよ。報告すれば処分は軽くする。しかし、報告がなければ責任はもてない」と通達。その事務方の中心人物が田名部だった。政治の世界を見るまでもなく、情報を掌握したものが権力の中心につき、強大な力を持つのは自明の理だ。

不祥事の詳細な報告を受け、それを独自に裁定するという高野連は、言ってみれば検察と裁判所を合わせたようなもので、大胆に言うならば、高校野球部の生殺与奪権を鷲づかみにしたのだ。「高野連の公安警察」として恐れられた田名部が長きにわたり組織内に君臨してきたことは、日本の高校野球界の伝統と風土と構造を端的に象徴する現象だったと言えよう。

# 黒幕 94

## 「ジャニーズ帝国」をつくり崩壊させた男
# ジャニー喜多川

じゃにー・きたがわ。1931〜2019。ジャニーズ事務所創業者。ロサンゼルス出身。本名はジョン・ヒロム・キタガワ。姉がメリー喜多川。日本の男性アイドル市場を開拓した功罪の大きい人物。

一時はフォーブスで21世紀の100人の一人にもなったジャニー喜多川だが、その名声は、事務所の若い男性アイドルに対する性加害で地に落ちてしまった。

数多くの男性アイドルタレントを抱え、テレビを中心としたメディアに多大な影響力を持ったジャニーズ事務所の総帥だったのがジャニー喜多川である。

晩年こそ、所属タレントから親しみを込めて「ユー（You）〜しちゃいなよ」という口癖をテレビ番組でからかわれることもあったが、それまでのジャニーといえばその〝御真影〟すら、マスコミに露出しない謎めいた人物でもあった。

元フォーリーブスの北公次をはじめとする元所属タレントの暴露本や週刊誌などには、「少年性愛者」であるとジャニー喜多川が報道されていた。しかし、大手メディアはジャニーズとの関係を忖度《そんたく》して報道をしなかった。隠蔽《いんぺい》されてしまったのだ。

それでも誤解を恐れずに言うならば、ジャニーズがつくりあげた独特の男性アイドル像は、ジャニー喜多川という「少年」を偏愛する人物がいたからこそできあったものだと言える。恐らく彼以外の誰にも同じことはできないだろうし、それをすることは許されない。しかし、男性アイドル発掘にかけては、ジャニー喜多川に勝る芸能関係者は見当たらず、その手腕の継承も困難な、ジャニー喜多川の性癖がなせた技だった。もっとも、ジャニーの才能は多分に芸と美に偏った面もあり、事務所経営の実務は姉のメリー喜多川が取り仕切っていた。

２０１６年には、元ＳＭＡＰメンバーの３人がジャニーズ事務所を退所し、かつてＳＭＡＰを育てた飯島三智の新会社に移籍することが発表された。

飯島はＳＭＡＰをはじめとするいくつかの有力グループを育て上げた敏腕マネージャーであったが、事務所の後継者問題に巻き込まれる形で事務所を追われた。

これが、ジャニーズ事務所崩壊の嚆矢《こうし》だった。

その後、ジャニー喜多川が２０１９年に死亡し、姉のメリー喜多川も亡くなることで、海外メディアに端を発したジャニー喜多川による性加害が大々的に報道されるようになった。そして、ジャニーズ事務所は崩壊した。元ＳＭＡＰの３人も一時は地上波にほとんど出られなかったが、現在は幅広く活躍している。

黒幕 95

# 周防郁雄

## 芸能界の秩序をつくり上げた男

すおう・いくお。1941〜。バーニングプロダクション社長。千葉県生まれ。市川高校を卒業後、71年にバーニングプロダクションを設立。芸能界の最大派閥とも言える「バーニンググループ」を築いた。

裏社会の人間が芸能界のビジネスに介入する余地はほとんどなくなったが、それでも事務所の移籍や肖像権などにまつわる芸能界の「定番トラブル」が起きると、それをスムーズに解決させるために「強い力」が働く。その力を行使するのは、業界を古くから知る大手事務所の創業者たちであることが多い。

バーニングプロダクションは、日本の数ある芸能事務所のなかでも最大級の規模を有する。そして、そのトップに君臨するのが周防郁雄だ。

「芸能界のドン」と呼ばれ、恐れ多いイメージが定着している周防であるが、彼を知る人間は「無口な仕事人間」と口をそろえる。

バーニングは多数の系列事務所を持ち、それが連携し合うことで個々の事務所の実力にレバレッジを利かせている。何かトラブルが起きれば、その情報は共有され、系列事務所や日本音楽事業者協会（音事協）会員事務所も共闘体制に入る。ごくまれに起きるこうした動きが、一部のメディアによって大きく報道されるため「バーニングは怖い」といった表面的な言説が先行しているのであろう。

千葉県で青春時代を送った周防は、木更津を地盤としていた県議時代の浜田幸一（後に衆議院議員）の運転手を務めていた。

その後、芸能界でタレントのマネージャーをすることになり、1971年にホリプロから独立する形で現在のバーニングプロダクションの前身会社を設立。周防は力でメディアを懐柔したり、人脈を駆使してタレントを集めたりということよりも、版権ビジネスやプロモーションのノウハウを磨くことにより、安定的に事務所の収益が上がるようなひとつの「装置」を完成させることに注力した経営者だった。

浮き沈みの激しい芸能界において、個々のタレントに依存度が高まれば、それはリスクが上昇することにもつながる。そういう冷静な判断が、現在のグループの隆盛につながっていると言ってもいい。

時代に合わせた経営のあり方を模索する周防の「実像」は恐らく一般層が抱くイメージとかけ離れているが、周防自身もその「黒幕幻想」が自身に有利に働くということを計算に入れているのだろう。

# 黒幕 96 川村龍夫

## 芸能界の半世紀を知る「叩き上げ」

かわむら・たつお。1941〜。ケイダッシュ会長。東京生まれ。立教大学卒。田辺エージェンシーに入社、独立後にケイダッシュを設立。高校時代の同級生である周防郁雄と並ぶ芸能界のドンと呼ばれる。

川村龍夫と芸能界のつながりは、千葉県の私立市川高校時代の同級生で、その頃はロカビリー歌手だった鹿内孝のマネージャーを務めたことから始まる。ちなみに同じ同級生に周防郁雄がいた。

その後、ジャッキー吉川とブルー・コメッツのマネージャーを担当したことから川村の芸能人生は大きく転回し始めた。まだ、売れないバンドに過ぎなかったブルー・コメッツと寝食を共にする生活を送りながら育て上げ、やがて「ブルー・シャトー」でレコード大賞を受賞する。当時の芸能事務所と言えば、しっかりとした会社組織ではなく、売り出し方にも決まったノウハウがあったわけでもない。そんななか、川村が考え出した売り出し戦略は徹底したメデイア露出であった。

メディアに出ることで認知度を上げれば、曲が売れる。曲が売れればメディアの露出が増える……という正のスパイラルをただひたすら目指し、骨身を削った。その結果がレコード大賞だったのである。その成功の結果として川村はメディア戦略の重要性を確信するに至る。そしてそれは、そのまま川村の会社、ケイダッシュを大きく躍進させることにつながった。

そんな川村のメディア戦略をひとことで言えば、手駒であるタレントを使った駆け引きであろう。まるでチェスのように、自由にタレントをメディアに出し入れすることで、メディア側には適度な枯渇感を与え、商品としての価値を高めていく。これその手法はまさに精妙で、メディア側はまるで手のひらの玉のごとくである。これを繰り返すことによって、主導権はおのずと川村の側が持つという仕組みだ。

川村の力は芸能界だけではない。アントニオ猪木をはじめとするプロレス界、そして格闘界にも隠然たる影響力を持ち、また有力な支援者でもあることから、プロレスラーをはじめ格闘家たちの信頼も厚い。

かつてプロレス団体で幹部を務めた川村と親しい人物は、団体がつぶれ川村のところに挨拶に行ったとき、「少ないが使ってくれ」と現金で500万円が届けられたことを告白している。いまの若い世代の芸能関係者、日本人にはできない「人情の実践」を実現できる川村の凄《すご》みは芸能界でも、ある種の伝説となっている。

黒幕 97

# 田中英壽

## 「日大閥」の首領、その「人脈と金脈」

たなか・ひでとし。1946〜2024。日本大学理事長。青森県生まれ。日大で学生横綱、その後アマ横綱に。83年、日大相撲部監督に就任。94年にJOC理事に就任（副会長を経て退任）。08年日大理事長。

角界の一大派閥として知られているのが日大相撲部出身者で、古くは横綱・輪島に始まり琴光喜、舞の海、高見盛、大翔山、豊真将、最近では人気の高い遠藤も日大出身だ。そしてこの日大相撲部の一切を握る「ドン」が田中英壽・日大理事長であった。「外国人力士は1部屋1人」という現行の規定では、米びつ（金を稼げる力士）となる有望な新人を獲得したい相撲部屋にとって、即戦力の力士を多数抱える大学相撲部は大変な「お得意先」である。

　1983年に日大相撲部監督に就任した田中は、角界最大の人材供給者として頭角を現し、また角界入りした弟子たちが親方になっても鉄の「日大閥」を堅持することによって、隠然たる支配力を持つことになった。

「特に田中氏の出身地の青森県では田中氏の息のかかっていない関係者は皆無で、同県出身の舞の海や高見盛がプロ入りする際は高額の支度金が部屋から日大サイドに支払われたというのは公然の秘密です。現在の親方衆で田中氏に物申すことのできる人はほとんどいないのではないか」と、以前、大相撲古参記者は話していた。

また、田中はアマチュア相撲を統括する国際相撲連盟会長にも就任。世界中から大相撲入りを希望するアスリートたちの情報拠点になっており、その意味でも角界の「裏天皇」の権力は絶大だった。

しかし、晩年、田中はさまざまなスキャンダルを起こした。2010年以降に発覚した大相撲界の賭博、八百長疑惑では大関・琴光喜以下多くの日大出身力士が角界を追放され、「日大シンジケート」の闇が指摘された。

また、14年には米メディアに山口組六代目・司忍組長と田中の親密な「ツーショット写真」が掲載され、田中がJOC副会長の要職にあったことから「ヤクザ・オリンピック」と報道された。

これを受け、日本でも田中の暴力団人脈が取り沙汰されたが、田中本人は「写真は合成されたもの」と主張し疑惑について否定した。21年、田中は所得税5300万円を脱税したとして所得税法違反の疑いで東京地方検察庁特捜部に逮捕された。このため田中は日大の理事長を辞任している。そして、24年1月死去した。

黒幕
98

## 将棋連盟史上最大の「策士」
# 米長邦雄

よねなが・くにお。1943〜2012。将棋連盟会長。山梨県生まれ。プロ棋士を目指し奨励会入り。63年にプロ入りを果たし、その後名人1期を含むタイトル19期を獲得。05年より将棋連盟会長に就任。

昭和の名棋士として知られる米長邦雄は、名人位を含むタイトル獲得通算19期の強豪であった。記録の面では同世代の中原誠に遠く及ばなかったが、巧みな弁舌と爽やかな風貌で多くのファンを持ち、見かけとは裏腹に、目的のためには手段を選ばない「策士」として、ライバルを蹴散らしながら将棋連盟会長に長年君臨。業界の最高権力者であり続けた。

ファンには人気のあった米長だが、平気で敵を陥れるキラーな一面があり、棋士や将棋関係者は「米長派」と「反・米長派」の真っ二つに分かれていた。

1990年代後半、米長の弟子であった美人女流棋士の林葉直子が、米長の宿敵である中原誠と不倫関係にあったことを告白したとき、米長は大いにこの情報をメディアに流したと言われる。自分自身も艶福家であり、弟子から素行の悪さを告発されたこともあったが、将棋の実力で劣るものの言い分は通りにくいという業界特有の慣習にも助けられ、2005年に将棋連盟会長に就任した。

米長は自身と対立した女流棋士たちを徹底的に攻撃したほか、理事を息のかかった「手駒」で固めるなど、米長体制の「囲い」をしっかり固め、11年にコンピューターソフトとプロ棋士との対決企画が持ち上がった際には、ちゃっかり自分がイの一番に対戦相手に立候補し、巨額の対局料を手にしている。当時の米長は、すでに現役を退いており、負けてもさして名誉は傷つけられない状況だった。

もっとも、米長は将棋界の外部に広くチャンネルと人脈を持つという意味ではダントツに有能で、財政難が課題となっていた将棋連盟は、米長の「集金力」に頼るしかなかったというのも事実だった。米長はまた、優れた思想家でもあり、将棋というゲームの意味と、将棋が強くなることの価値を考え抜いたことでも評価された。

いまなお将棋界に厳然と生き続けている米長の名言がこれだ。

「自分にとっては重要ではない勝負でも、相手にとっては極めて重要という対局こそ、全力で相手を負かしにいかなければならない」

勝負師にとっては、いつ何時でも「消化試合」はあり得ないという意味だが、これは将棋以外にも応用できる「米長哲学」として広く知られている。

## 黒幕 99
# 吉田善哉
## 世界に名を馳せる社台のドン

よしだ・ぜんや。1921〜1993。社台グループ創業者。北海道生まれ。父が起こした牧場経営を飛躍的に発展させ、世界でも屈指の生産馬牧場にまで引き上げた。夢のダービー制覇をダイナガリバーで達成した。

マンハッタンカフェ、ダイワメジャー、ダイワスカーレット……競馬ファンなら、これら数多くのG１制覇が「社台《シャダイ》」の生産馬であることを知っている。

日本、というより世界でも有数の競走馬生産牧場である社台グループを、実質一代でつくりあげた吉田善哉。彼が競馬界に絶大な影響力を残したのは、天性の先読みの感覚と馬ばかとでも言えるような競走馬への執着的熱意の賜物《たまもの》であった。

なかでも、名種牡馬・サンデーサイレンスに大金をつぎ込んで購入した逸話は語り草となっている。サンデーサイレンスの所有権の4分の1を持っていた善哉は、ケガでの引退を機に種牡馬として所有することを決意、かねて懇意であったアメリカの牧場主に話を持ちかけた。

電話交渉の末、妥結した金額はなんと16億５０００万円（１１００万ドル）。いくらその道の第一級のプロである吉田の見立てとはいえ、莫大な金額ではあった。

しかし、購入後、善哉は取材に対し「手頃な価格で折り合いがついた」と述べているのだから、それだけの確信があったのだ。それは、自らの頭に叩き込んだ数千頭にのぼる競走馬とその血統、そして競走馬成績であった。

言ってみれば善哉のなかにある巨大な競走馬データは、サンデーサイレンスは16億の価値に見合う……とはじき出したのである。結果を言えば、サンデーサイレンスの産駒は70勝を超えるG1勝ちを収めたのだから、その判断は正しかったと言える。言い換えれば、それだけの大きなリスクを背負い込める器量も吉田にはあった。

もうひとつ、吉田善哉という人物を語るときに欠かせないのが、彼の持って生まれた幸運である。かつて、良質な牧草のために大量の火山灰が必要になったときがあった。予定された予算は10億円であったが、時を同じくして建築ブロックの製作会社から無償で譲渡を申し入れられるという僥倖《ぎょうこう》に恵まれたのだ。また若き頃に、当時は不治の病と言われた労咳《ろうがい》（肺結核）に罹患《りかん》した際には、これまたタイミングよく特効薬が開発される……と言った具合に、である。

自らは馬一筋に打ち込んでも、それを支える家族・スタッフに恵まれたことも大きい。競馬界の実力者は類いまれなる強運の持ち主でもあった。

## 黒幕 100

# 近藤利一

## 「馬主界のドン」の激しき哲学

こんどう・りいち。1942～2019。馬主。徳島県生まれ。大阪の解体業者「合建株式会社」会長。80年代から競馬に興味を持ち、中央競馬の馬主資格を取得。持ち馬は「アドマイヤ」の冠で知られる。

競馬ファンであればおなじみの「アドマイヤ」という名前がつく競走馬。この競走馬のオーナーが大阪の有名馬主である近藤利一である。

関西馬主界の重鎮である近藤は、関係者に「会長」と呼ばれている実力者だ。

近藤がドンと目されて畏敬されているのにはそれ相応の理由がある。ひとつは競馬界に存在する特殊な人事案件だ。競馬には馬主、騎手をはじめ多くの職種の人間が働いている。そのなかでも「先生」と呼ばれ別格的な尊敬を受けているのが調教師だ。

この調教師を筆頭に厩《きゅう》務《む》員の賃金は預託料という馬主の負担金で支払われているのだが、競走馬の死命を制する調教全般が先生＝調教師の考えでほぼ決まるため、馬主といえども口を出すことがはばかられる。

それどころか、先生の機嫌を損ねれば調教依頼を受けてもらえないという事態に陥る可能性もある。その競馬界の慣例に近藤は異議を唱えた。公正取引委員会やあ